卞尺丹几乙し丹卞と
Translated Language Learning

Siddhartha

An Indian Poem
Indijska Pesem

Hermann Hesse

English / Slovenščina

Copyright © 2024 Tranzlaty
All rights reserved
Published by Tranzlaty
Siddhartha – Eine Indische Dichtung
ISBN: 978-1-83566-698-2
Original text by Hermann Hesse
First published in German in 1922
www.tranzlaty.com

The Son of the Brahman
Sin Brahmana

In the shade of the house
V senci hiše
in the sunshine of the riverbank
v soncu rečnega brega
near the boats
blizu čolnov
in the shade of the Sal-wood forest
v senci gozda Sal-wood
in the shade of the fig tree
v senci smokve
this is where Siddhartha grew up
tukaj je Siddhartha odraščal
he was the handsome son of a Brahman, the young falcon
bil je čeden sin Brahmana, mladega sokola
he grew up with his friend Govinda
odraščal je s prijateljem Govindo
Govinda was also the son of a Brahman
Govinda je bil tudi sin Brahmana
by the banks of the river the sun tanned his light shoulders
ob bregovih reke je sonce porjavilo njegova svetla ramena
bathing, performing the sacred ablutions, making sacred offerings
kopanje, opravljanje svetih umivanj, sveto darovanje
In the mango garden, shade poured into his black eyes
V mangovem vrtu se je senca vlila v njegove črne oči
when playing as a boy, when his mother sang
ko se je igral kot deček, ko je pela njegova mati
when the sacred offerings were made
ko so bile opravljene svete daritve
when his father, the scholar, taught him
ko ga je učil njegov oče, učenjak
when the wise men talked
ko so modri govorili

For a long time, Siddhartha had been partaking in the discussions of the wise men
Dolgo časa je Siddhartha sodeloval v razpravah modrecev
he practiced debating with Govinda
vadil je debato z Govindo
he practiced the art of reflection with Govinda
z Govindo je vadil umetnost refleksije
and he practiced meditation
in vadil je meditacijo
He already knew how to speak the Om silently
Znal je že tiho govoriti Om
he knew the word of words
poznal je besedo
he spoke it silently into himself while inhaling
jo je tiho izgovoril vase med vdihom
he spoke it silently out of himself while exhaling
to je tiho izgovoril iz sebe ob izdihu
he did this with all the concentration of his soul
to je počel z vso zbranostjo svoje duše
his forehead was surrounded by the glow of the clear-thinking spirit
njegovo čelo je obdajal sij bistrega duha
He already knew how to feel Atman in the depths of his being
Atmana je že znal čutiti v globini svojega bitja
he could feel the indestructible
čutil je neuničljivo
he knew what it was to be at one with the universe
vedel je, kaj pomeni biti v enem z vesoljem
Joy leapt in his father's heart
Veselje je preskočilo očetovo srce
because his son was quick to learn
ker se je njegov sin hitro učil
he was thirsty for knowledge
bil je žejen znanja

his father could see him growing up to become a great wise man
njegov oče je videl, kako odrašča v velikega modreca
he could see him becoming a priest
videl je, da bo postal duhovnik
he could see him becoming a prince among the Brahmans
videl ga je, kako postaja princ med Brahmani
Bliss leapt in his mother's breast when she saw him walking
Bliss je poskočila v materinih prsih, ko ga je videla hoditi
Bliss leapt in her heart when she saw him sit down and get up
Bliss ji je poskočilo v srcu, ko ga je videla sesti in vstati
Siddhartha was strong and handsome
Siddhartha je bil močan in čeden
he, who was walking on slender legs
on, ki je hodil na vitkih nogah
he greeted her with perfect respect
jo je pozdravil s popolnim spoštovanjem
Love touched the hearts of the Brahmans' young daughters
Ljubezen se je dotaknila src Brahmanovih mladih hčera
they were charmed when Siddhartha walked through the lanes of the town
bili so očarani, ko je Siddhartha hodil po mestnih ulicah
his luminous forehead, his eyes of a king, his slim hips
njegovo svetleče čelo, njegove kraljeve oči, njegovi vitki boki
But most of all he was loved by Govinda
Najbolj pa ga je ljubil Govinda
Govinda, his friend, the son of a Brahman
Govinda, njegov prijatelj, sin Brahmana
He loved Siddhartha's eye and sweet voice
Všeč mu je bilo Siddharthino oko in sladek glas
he loved the way he walked
všeč mu je bila njegova pot
and he loved the perfect decency of his movements
in ljubil je popolno spodobnost svojih gibov
he loved everything Siddhartha did and said

ljubil je vse, kar je Siddharta naredil in rekel
but what he loved most was his spirit
najbolj pa je ljubil svojega duha
he loved his transcendent, fiery thoughts
ljubil je svoje transcendentne, ognjevite misli
he loved his ardent will and high calling
ljubil je njegovo gorečo voljo in visoko poklicanost
Govinda knew he would not become a common Brahman
Govinda je vedel, da ne bo postal navaden brahman
no, he would not become a lazy official
ne, ne bi postal leni uradnik
no, he would not become a greedy merchant
ne, ne bi postal pohlepen trgovec
not a vain, vacuous speaker
ni nečimren, prazen govornik
nor a mean, deceitful priest
niti podlega, goljufivega duhovnika
and he also would not become a decent, stupid sheep
in tudi ne bi postal spodobna, neumna ovca
a sheep in the herd of the many
ovca v čredi mnogih
and he did not want to become one of those things
in ni želel postati ena od teh stvari
he did not want to be one of those tens of thousands of Brahmans
ni želel biti eden izmed tistih deset tisočev Brahmanov
He wanted to follow Siddhartha; the beloved, the splendid
Želel je slediti Siddharti; ljubljeni, čudoviti
in days to come, when Siddhartha would become a god, he would be there
v prihodnjih dneh, ko bo Siddhartha postal bog, bo tam
when he would join the glorious, he would be there
ko bi se pridružil slavnim, bi bil tam
Govinda wanted to follow him as his friend
Govinda mu je želel slediti kot prijatelj
he was his companion and his servant

bil je njegov spremljevalec in njegov služabnik
he was his spear-carrier and his shadow
bil je njegov suličar in njegova senca
Siddhartha was loved by everyone
Siddharto so imeli vsi radi
He was a source of joy for everybody
Bil je vir veselja za vse
he was a delight for them all
vsem je bil v veselje
But he, Siddhartha, was not a source of joy for himself
Toda on, Siddhartha, sam sebi ni bil vir veselja
he found no delight in himself
v sebi ni našel veselja
he walked the rosy paths of the fig tree garden
hodil je po rožnatih poteh figovega vrta
he sat in the bluish shade in the garden of contemplation
sedel je v modrikasti senci na vrtu premišljevanja
he washed his limbs daily in the bath of repentance
vsak dan si je umival ude v kopeli kesanja
he made sacrifices in the dim shade of the mango forest
žrtvoval se je v temni senci mangovega gozda
his gestures were of perfect decency
njegove kretnje so bile popolne spodobnosti
he was everyone's love and joy
vsem je bil ljubezen in veselje
but he still lacked all joy in his heart
vendar mu je manjkalo še vse veselje v srcu
Dreams and restless thoughts came into his mind
Sanje in nemirne misli so prihajale v njegove misli
his dreams flowed from the water of the river
njegove sanje so prišle iz vode reke
his dreams sparked from the stars of the night
njegove sanje so se iskrile iz nočnih zvezd
his dreams melted from the beams of the sun
njegove sanje so se stopile od sončnih žarkov

dreams came to him, and a restlessness of the soul came to him
prihajale so mu sanje in prišel je nemir duše
his soul was fuming from the sacrifices
njegova duša je kipela od žrtev
he breathed forth from the verses of the Rig-Veda
dihal je iz verzov Rig-Vede
the verses were infused into him, drop by drop
verzi so se vlivali vanj, po kapljicah
the verses from the teachings of the old Brahmans
verzi iz naukov starih brahmanov
Siddhartha had started to nurse discontent in himself
Siddhartha je začel v sebi gojiti nezadovoljstvo
he had started to feel doubt about the love of his father
začel je dvomiti o ljubezni svojega očeta
he doubted the love of his mother
je dvomil v ljubezen svoje matere
and he doubted the love of his friend, Govinda
in dvomil je o ljubezni svojega prijatelja Govinde
he doubted if their love could bring him joy forever and ever
dvomil je, ali mu bo njuna ljubezen lahko prinesla veselje za vedno
their love could not nurse him
njuna ljubezen ga ni mogla negovati
their love could not feed him
njuna ljubezen ga ni mogla nahraniti
their love could not satisfy him
njuna ljubezen ga ni mogla zadovoljiti
he had started to suspect his father's teachings
začel je sumiti v očetove nauke
perhaps he had shown him everything he knew
morda mu je pokazal vse, kar je vedel
there were his other teachers, the wise Brahmans
tam so bili njegovi drugi učitelji, modri Brahmani

perhaps they had already revealed to him the best of their wisdom
morda so mu že razkrili najboljšo svojo modrost
he feared that they had already filled his expecting vessel
bal se je, da so mu že napolnili posodo za pričakovanje
despite the richness of their teachings, the vessel was not full
kljub bogastvu njihovih naukov posoda ni bila polna
the spirit was not content
duh ni bil zadovoljen
the soul was not calm
duša ni bila mirna
the heart was not satisfied
srce ni bilo zadovoljno
the ablutions were good, but they were water
umivanje je bilo dobro, vendar je bila voda
the ablutions did not wash off the sin
umivanje ni opralo greha
they did not heal the spirit's thirst
niso ozdravili žeje duha
they did not relieve the fear in his heart
niso razbremenile strahu v njegovem srcu
The sacrifices and the invocation of the gods were excellent
Žrtvovanja in klicanje bogov so bili odlični
but was that all there was?
a je bilo to vse?
did the sacrifices give a happy fortune?
so žrtve dale srečno bogastvo?
and what about the gods?
kaj pa bogovi?
Was it really Prajapati who had created the world?
Ali je res Prajapati ustvaril svet?
Was it not the Atman who had created the world?
Ali ni bil Atman tisti, ki je ustvaril svet?
Atman, the only one, the singular one
Atman, edini, edini

Were the gods not creations?
Ali bogovi niso bili stvaritve?
were they not created like me and you?
ali niso bili ustvarjeni kot jaz in ti?
were the Gods not subject to time?
ali bogovi niso bili podvrženi času?
were the Gods mortal? Was it good?
so bili bogovi smrtni? Je bilo dobro?
was it right? was it meaningful?
je bilo prav? je bilo smiselno?
was it the highest occupation to make offerings to the gods?
ali je bil najvišji poklic darovati bogovom?
For whom else were offerings to be made?
Za koga drugega je bilo treba darovati?
who else was to be worshipped?
koga drugega naj bi častili?
who else was there, but Him?
kdo drug je bil tam, razen Njega?
The only one, the Atman
Edini, Atman
And where was Atman to be found?
In kje je bil Atman?
where did He reside?
kje je prebival?
where did His eternal heart beat?
kje je utripalo njegovo večno srce?
where else but in one's own self?
kje drugje kot v sebi?
in its innermost indestructible part
v svojem najbolj notranjem neuničljivem delu
could he be that which everyone had in himself?
bi lahko bil to, kar je imel vsak v sebi?
But where was this self?
Toda kje je bil ta jaz?
where was this innermost part?
kje je bil ta najbolj notranji del?

where was this ultimate part?
kje je bil ta ultimativni del?
It was not flesh and bone
Ni bilo iz mesa in kosti
it was neither thought nor consciousness
ni bila niti misel niti zavest
this is what the wisest ones taught
tako so učili najmodrejši
So where was it?
Torej kje je bilo?
the self, myself, the Atman
sebe, sebe, Atmana
To reach this place, there was another way
Do tega mesta je obstajala druga pot
was this other way worth looking for?
ali je bilo vredno iskati ta drug način?
Alas, nobody showed him this way
Žal mu nihče ni pokazal te poti
nobody knew this other way
tega drugega načina ni poznal nihče
his father did not know it
njegov oče tega ni vedel
and the teachers and wise men did not know it
in učitelji in modreci tega niso vedeli
They knew everything, the Brahmans
Vedeli so vse, Brahmani
and their holy books knew everything
in njihove svete knjige so vedele vse
they had taken care of everything
za vse so poskrbeli
they took care of the creation of the world
so poskrbeli za nastanek sveta
they described origin of speech, food, inhaling, exhaling
opisali so nastanek govora, hrano, vdih, izdih
they described the arrangement of the senses
opisali so razporeditev čutil

they described the acts of the gods
opisovali so dejanja bogov
their books knew infinitely much
njihove knjige so vedele neskončno veliko
but was it valuable to know all of this?
a je bilo dragoceno vedeti vse to?
was there not only one thing to be known?
ali ni bilo treba vedeti le ene stvari?
was there still not the most important thing to know?
še vedno ni najpomembnejše stvari, ki bi jo morali vedeti?
many verses of the holy books spoke of this innermost, ultimate thing
veliko verzov svetih knjig je govorilo o tej najbolj notranji, zadnji stvari
it was spoken of particularly in the Upanishades of Samaveda
o tem je bilo govora zlasti v Upanishades Samavede
they were wonderful verses
bili so čudoviti verzi
"Your soul is the whole world", this was written there
"Tvoja duša je ves svet", je pisalo tam
and it was written that man in deep sleep would meet with his innermost part
in bilo je zapisano, da se človek v globokem spanju sreča s svojim najbolj notranjim delom
and he would reside in the Atman
in bival bi v Atmanu
Marvellous wisdom was in these verses
V teh verzih je bila čudovita modrost
all knowledge of the wisest ones had been collected here in magic words
vse znanje najmodrejših je bilo tukaj zbrano v čarobnih besedah
it was as pure as honey collected by bees
bilo je čisto kot med, ki ga nabirajo čebele
No, the verses were not to be looked down upon

Ne, na verze ni bilo treba gledati zviška
they contained tremendous amounts of enlightenment
vsebovali so ogromne količine razsvetljenja
they contained wisdom which lay collected and preserved
vsebovale so modrost, ki je bila zbrana in ohranjena
wisdom collected by innumerable generations of wise Brahmans
modrost, ki so jo zbirale neštete generacije modrih brahmanov
But where were the Brahmans?
Toda kje so bili Brahmani?
where were the priests?
kje so bili duhovniki?
where the wise men or penitents?
kje so modri ali spokorniki?
where were those that had succeeded?
kje so bili tisti, ki so uspeli?
where were those who knew more than deepest of all knowledge?
kje so bili tisti, ki so vedeli več kot najgloblje vse znanje?
where were those that also lived out the enlightened wisdom?
kje so bili tisti, ki so tudi živeli po razsvetljeni modrosti?
Where was the knowledgeable one who brought Atman out of his sleep?
Kje je bil poznavalec, ki je spravil Atmana iz spanca?
who had brought this knowledge into the day?
kdo je prinesel to znanje na dan?
who had taken this knowledge into their life?
kdo je vzel to znanje v svoje življenje?
who carried this knowledge with every step they took?
kdo je nosil to znanje z vsakim korakom?
who had married their words with their deeds?
kdo je poročil svoje besede s svojimi dejanji?
Siddhartha knew many venerable Brahmans
Siddhartha je poznal veliko častitljivih brahmanov
his father, the pure one

njegov oče, tisti čisti
the scholar, the most venerable one
učenjak, najbolj častitljiv
His father was worthy of admiration
Njegov oče je bil vreden občudovanja
quiet and noble were his manners
njegove manire so bile tihe in plemenite
pure was his life, wise were his words
čisto je bilo njegovo življenje, modre so bile njegove besede
delicate and noble thoughts lived behind his brow
tankočutne in plemenite misli so živele za njegovim čelom
but even though he knew so much, did he live in blissfulness?
a čeprav je toliko vedel, ali je živel v blaženosti?
despite all his knowledge, did he have peace?
je imel kljub vsemu znanju mir?
was he not also just a searching man?
ali ni bil tudi samo iskalec?
was he still not a thirsty man?
ali še vedno ni bil žejen?
Did he not have to drink from holy sources again and again?
Ali ni moral znova in znova piti iz svetih virov?
did he not drink from the offerings?
ali ni pil od daritev?
did he not drink from the books?
ali ni pil iz knjig?
did he not drink from the disputes of the Brahmans?
ali ni pil iz sporov Brahmanov?
Why did he have to wash off sins every day?
Zakaj je moral vsak dan umivati grehe?
must he strive for a cleansing every day?
mora vsak dan težiti k čiščenju?
over and over again, every day
znova in znova, vsak dan
Was Atman not in him?
Ali Atman ni bil v njem?

did not the pristine source spring from his heart?
ali ni neokrnjeni izvir izviral iz njegovega srca?
the pristine source had to be found in one's own self
prvinski vir je bilo treba najti v sebi
the pristine source had to be possessed!
nedotaknjen izvir je bilo treba posedovati!
doing anything else else was searching
početje kar koli drugega je bilo iskanje
taking any other pass is a detour
kateri koli drug prehod je ovinek
going any other way leads to getting lost
če greste v drugo smer, se izgubite
These were Siddhartha's thoughts
To so bile Siddhartine misli
this was his thirst, and this was his suffering
to je bila njegova žeja in to je bilo njegovo trpljenje
Often he spoke to himself from a Chandogya-Upanishad:
Pogosto je sam sebi govoril iz Chandogya-Upanishad:
"Truly, the name of the Brahman is Satyam"
"Resnično, ime Brahmana je Satyam"
"he who knows such a thing, will enter the heavenly world every day"
"kdor ve kaj takega, bo vsak dan vstopil v nebeški svet"
Often the heavenly world seemed near
Pogosto se je zdelo, da je nebeški svet blizu
but he had never reached the heavenly world completely
vendar nikoli ni popolnoma dosegel nebeškega sveta
he had never quenched the ultimate thirst
nikoli ni potešil končne žeje
And among all the wise and wisest men, none had reached it
In med vsemi modrimi in najmodrejšimi ljudmi tega ni dosegel nihče
he received instructions from them
od njih je dobival navodila
but they hadn't completely reached the heavenly world
vendar niso popolnoma dosegli nebeškega sveta

they hadn't completely quenched their thirst
niso se popolnoma odžejali
because this thirst is an eternal thirst
ker je ta žeja večna žeja

"Govinda" Siddhartha spoke to his friend
"Govinda" Siddhartha je govoril svojemu prijatelju
"Govinda, my dear, come with me under the Banyan tree"
"Govinda, dragi moj, pojdi z mano pod drevo banyan"
"let's practise meditation"
"vadimo meditacijo"
They went to the Banyan tree
Šli so do drevesa Banyan
under the Banyan tree they sat down
pod drevesom Banyan so se usedli
Siddhartha was right here
Siddhartha je bil tukaj
Govinda was twenty paces away
Govinda je bil dvajset korakov stran
Siddhartha seated himself and he repeated murmuring the verse
Siddhartha je sedel in ponavljal ter mrmral verz
Om is the bow, the arrow is the soul
Om je lok, puščica je duša
The Brahman is the arrow's target
Brahman je tarča puščice
the target that one should incessantly hit
tarča, ki jo je treba nenehno zadeti
the usual time of the exercise in meditation had passed
običajni čas meditacije je minil
Govinda got up, the evening had come
Govinda je vstal, prišel je večer
it was time to perform the evening's ablution
bil je čas za večerno umivanje
He called Siddhartha's name, but Siddhartha did not answer

Poklical je Siddhartha po imenu, vendar se Siddhartha ni oglasil
Siddhartha sat there, lost in thought
Siddhartha je sedel tam, zatopljen v misli
his eyes were rigidly focused towards a very distant target
njegove oči so bile togo usmerjene v zelo oddaljen cilj
the tip of his tongue was protruding a little between the teeth
konica jezika mu je malo štrlela med zobmi
he seemed not to breathe
zdelo se je, da ne diha
Thus sat he, wrapped up in contemplation
Tako je sedel, zavit v premišljevanje
he was deep in thought of the Om
globoko je razmišljal o Om
his soul sent after the Brahman like an arrow
njegova duša je kot puščica poslala za Brahmanom
Once, Samanas had travelled through Siddhartha's town
Nekoč je Samanas potoval skozi Siddharthino mesto
they were ascetics on a pilgrimage
bili so asketi na romanju
three skinny, withered men, neither old nor young
trije suhi, suhi moški, ne stari ne mladi
dusty and bloody were their shoulders
prašna in okrvavljena so bila njihova ramena
almost naked, scorched by the sun, surrounded by loneliness
skoraj goli, ožgani od sonca, obdani s samoto
strangers and enemies to the world
tujci in sovražniki sveta
strangers and jackals in the realm of humans
tujci in šakali v kraljestvu ljudi
Behind them blew a hot scent of quiet passion
Za njimi je pihal vroč vonj tihe strasti
a scent of destructive service
vonj uničujoče službe

a scent of merciless self-denial
vonj neusmiljenega samozanikanja
the evening had come
prišel je večer
after the hour of contemplation, Siddhartha spoke to Govinda
po uri kontemplacije je Siddhartha govoril z Govindo
"Early tomorrow morning, my friend, Siddhartha will go to the Samanas"
"Jutri zgodaj zjutraj, moj prijatelj, Siddhartha bo šel v Samane."
"He will become a Samana"
"Postal bo Samana"
Govinda turned pale when he heard these words
Govinda je prebledel, ko je slišal te besede
and he read the decision in the motionless face of his friend
in odločitev je prebral na negibnem obrazu svojega prijatelja
the determination was unstoppable, like the arrow shot from the bow
odločnost je bila neustavljiva, kot puščica, izstreljena iz loka
Govinda realized at first glance; now it is beginning
Govinda je spoznal na prvi pogled; zdaj se začenja
now Siddhartha is taking his own way
zdaj Siddhartha ubira svojo pot
now his fate is beginning to sprout
zdaj njegova usoda začenja klijati
and because of Siddhartha, Govinda's fate is sprouting too
in zaradi Siddharte vzklije tudi Govindina usoda
he turned pale like a dry banana-skin
postal je bled kot suha bananina lupina
"Oh Siddhartha," he exclaimed
"Oh Siddhartha," je vzkliknil
"will your father permit you to do that?"
"ti bo tvoj oče to dovolil?"
Siddhartha looked over as if he was just waking up
Siddhartha je pogledal, kot da bi se pravkar prebujal
like an Arrow he read Govinda's soul

kot puščica je prebral Govindino dušo
he could read the fear and the submission in him
v njem je lahko prebral strah in pokornost
"Oh Govinda," he spoke quietly, "let's not waste words"
"O Govinda," je tiho rekel, "ne izgubljajmo besed"
"Tomorrow at daybreak I will begin the life of the Samanas"
"Jutri ob zori bom začel življenje Samanas"
"let us speak no more of it"
"ne govorimo več o tem"

Siddhartha entered the chamber where his father was sitting
Siddhartha je vstopil v sobo, kjer je sedel njegov oče
his father was was on a mat of bast
njegov oče je bil na rogoznici iz ličja
Siddhartha stepped behind his father
Siddhartha je stopil za očetom
and he remained standing behind him
in ostal je stati za njim
he stood until his father felt that someone was standing behind him
stal je, dokler oče ni začutil, da nekdo stoji za njim
Spoke the Brahman: "Is that you, Siddhartha?"
Spregovoril je Brahman: "Si to ti, Siddhartha?"
"Then say what you came to say"
"Potem pa povej, kar si prišel povedat"
Spoke Siddhartha: "With your permission, my father"
Govoril je Siddhartha: "Z vašim dovoljenjem, moj oče"
"I came to tell you that it is my longing to leave your house tomorrow"
"Prišel sem ti povedati, da si želim jutri zapustiti tvojo hišo"
"I wish to go to the ascetics"
"Želim iti k asketom"
"My desire is to become a Samana"
"Moja želja je postati Samana"
"May my father not oppose this"
"Naj moj oče ne nasprotuje temu"

The Brahman fell silent, and he remained so for long
Brahman je utihnil in tako je ostal dolgo
the stars in the small window wandered
zvezde v okencu so blodile
and they changed their relative positions
in spremenili so svoje relativne položaje
Silent and motionless stood the son with his arms folded
Tiho in nepremično je stal sin s prekrižanimi rokami
silent and motionless sat the father on the mat
tiho in nepremično je sedel oče na preprogi
and the stars traced their paths in the sky
in zvezde so risale svoje poti na nebu
Then spoke the father
Nato je spregovoril oče
"it is not proper for a Brahman to speak harsh and angry words"
"ni primerno, da brahman govori ostre in jezne besede"
"But indignation is in my heart"
"Toda ogorčenje je v mojem srcu"
"I wish not to hear this request for a second time"
"Ne želim slišati te zahteve drugič"
Slowly, the Brahman rose
Počasi se je Brahman dvignil
Siddhartha stood silently, his arms folded
Siddhartha je molče stal s prekrižanimi rokami
"What are you waiting for?" asked the father
"Kaj čakaš?" je vprašal oče
Spoke Siddhartha, "You know what I'm waiting for"
Govoril je Siddhartha: "Veš, kaj čakam"
Indignant, the father left the chamber
Oče je ogorčen zapustil zbornico
indignant, he went to his bed and lay down
ogorčen je šel v posteljo in legel
an hour passed, but no sleep had come over his eyes
minila je ura, a spanec mu ni prišel na oči
the Brahman stood up and he paced to and fro

Brahman je vstal in korakal sem ter tja
and he left the house in the night
in ponoči je zapustil hišo
Through the small window of the chamber he looked back inside
Skozi majhno okno kamre je pogledal nazaj v notranjost
and there he saw Siddhartha standing
in tam je videl stati Siddharto
his arms were folded and he had not moved from his spot
njegove roke so bile prekrižane in ni se premaknil s svojega mesta
Pale shimmered his bright robe
Bledo je lesketalo njegovo svetlo ogrinjalo
With anxiety in his heart, the father returned to his bed
S tesnobo v srcu se je oče vrnil v posteljo
another sleepless hour passed
minila je še ena neprespana ura
since no sleep had come over his eyes, the Brahman stood up again
ker mu spanec ni prišel na oči, je Brahman spet vstal
he paced to and fro, and he walked out of the house
korakal je sem ter tja in odšel iz hiše
and he saw that the moon had risen
in videl je, da je luna vzšla
Through the window of the chamber he looked back inside
Skozi okno kamre je pogledal nazaj v notranjost
there stood Siddhartha, unmoved from his spot
tam je stal Siddhartha, neomajen s svojega mesta
his arms were folded, as they had been
njegove roke so bile prekrižane, kot so bile
moonlight was reflecting from his bare shins
mesečina se je odbijala od njegovih golih golenic
With worry in his heart, the father went back to bed
S skrbjo v srcu se je oče vrnil v posteljo
he came back after an hour
po eni uri se je vrnil

and he came back again after two hours
in po dveh urah se je spet vrnil
he looked through the small window
je pogledal skozi majhno okno
he saw Siddhartha standing in the moon light
videl je Siddharto stati v mesečini
he stood by the light of the stars in the darkness
stal je ob soju zvezd v temi
And he came back hour after hour
In vračal se je uro za uro
silently, he looked into the chamber
tiho je pogledal v kamro
he saw him standing in the same place
videl ga je stati na istem mestu
it filled his heart with anger
mu je napolnilo srce z jezo
it filled his heart with unrest
napolnilo mu je srce z nemirom
it filled his heart with anguish
to mu je napolnilo srce z bolečino
it filled his heart with sadness
to mu je napolnilo srce z žalostjo
the night's last hour had come
prišla je zadnja ura noči
his father returned and stepped into the room
oče se je vrnil in stopil v sobo
he saw the young man standing there
videl je mladeniča stati tam
he seemed tall and like a stranger to him
zdel se mu je visok in kakor tujec
"Siddhartha," he spoke, "what are you waiting for?"
"Siddhartha," je rekel, "kaj čakaš?"
"You know what I'm waiting for"
"Veš, kaj čakam"
"Will you always stand that way and wait?
»Boš vedno tako stal in čakal?

"I will always stand and wait"
"Vedno bom stal in čakal"
"will you wait until it becomes morning, noon, and evening?"
"boš počakal, da bo jutro, opoldne in večer?"
"I will wait until it become morning, noon, and evening"
"Počakal bom, da bo jutro, opoldne in večer"
"You will become tired, Siddhartha"
"Utrujen boš, Siddhartha"
"I will become tired"
"Utrujen bom"
"You will fall asleep, Siddhartha"
"Zaspal boš, Siddhartha"
"I will not fall asleep"
"Ne bom zaspal"
"You will die, Siddhartha"
"Umrl boš, Siddhartha"
"I will die," answered Siddhartha
"Umrl bom," je odgovoril Siddhartha
"And would you rather die, than obey your father?"
"In raje bi umrl, kot da bi ubogal očeta?"
"Siddhartha has always obeyed his father"
"Siddhartha je vedno ubogal svojega očeta"
"So will you abandon your plan?"
"Boš torej opustil svoj načrt?"
"Siddhartha will do what his father will tell him to do"
"Siddhartha bo naredil, kar mu bo naročil oče"
The first light of day shone into the room
V sobo je posijala prva dnevna svetloba
The Brahman saw that Siddhartha knees were softly trembling
Brahman je videl, da so Siddhartha kolena rahlo trepetala
In Siddhartha's face he saw no trembling
Na Siddharthinem obrazu ni videl nobenega trepeta
his eyes were fixed on a distant spot
njegove oči so bile uprte v oddaljeno točko

This was when his father realized
Takrat je njegov oče spoznal
even now Siddhartha no longer dwelt with him in his home
tudi zdaj Siddhartha ni več prebival z njim v njegovem domu
he saw that he had already left him
videl je, da ga je že zapustil
The Father touched Siddhartha's shoulder
Oče se je dotaknil Siddhartine rame
"You will," he spoke, "go into the forest and be a Samana"
"Boš," je rekel, "šel boš v gozd in boš Samana"
"When you find blissfulness in the forest, come back"
"Ko v gozdu najdeš blaženost, se vrni"
"come back and teach me to be blissful"
"pridi nazaj in me nauči biti blažen"
"If you find disappointment, then return"
"Če najdete razočaranje, se vrnite"
"return and let us make offerings to the gods together, again"
"vrni se in spet skupaj darujemo bogovom"
"Go now and kiss your mother"
"Pojdi zdaj in poljubi svojo mamo"
"tell her where you are going"
"povej ji kam greš"
"But for me it is time to go to the river"
"Toda zame je čas, da grem do reke"
"it is my time to perform the first ablution"
"čas je, da opravim prvo umivanje"
He took his hand from the shoulder of his son, and went outside
Vzel je roko z rame svojega sina in odšel ven
Siddhartha wavered to the side as he tried to walk
Siddhartha je omahoval vstran, ko je poskušal hoditi
He put his limbs back under control and bowed to his father
Spet je dal pod nadzor svoje okončine in se priklonil očetu
he went to his mother to do as his father had said
šel je k materi, da stori, kakor mu je rekel oče
As he slowly left on stiff legs a shadow rose near the last hut

Ko je počasi odhajal na trdih nogah, se je blizu zadnje koče dvignila senca
who had crouched there, and joined the pilgrim?
kdo je tam čepel in se pridružil romarju?
"Govinda, you have come" said Siddhartha and smiled
"Govinda, prišel si," je rekel Siddhartha in se nasmehnil
"I have come," said Govinda
"Prišel sem," je rekel Govinda

With the Samanas
S Samanami

In the evening of this day they caught up with the ascetics
Zvečer tega dne so dohiteli askete
the ascetics; the skinny Samanas
asketi; suhe Samane
they offered them their companionship and obedience
ponudili so jim svoje druženje in poslušnost
Their companionship and obedience were accepted
Njihovo druženje in poslušnost sta bila sprejeta
Siddhartha gave his garments to a poor Brahman in the street
Siddhartha je dal svoja oblačila revnemu Brahmanu na ulici
He wore nothing more than a loincloth and earth-coloured, unsown cloak
Na sebi ni imel nič drugega kot ovratnik in zemeljsko obarvan nepošit plašč
He ate only once a day, and never anything cooked
Jedel je samo enkrat na dan in nikoli nič kuhanega
He fasted for fifteen days, he fasted for twenty-eight days
Postil se je petnajst dni, postil se je osemindvajset dni
The flesh waned from his thighs and cheeks
Meso je odpadlo z njegovih stegen in lic
Feverish dreams flickered from his enlarged eyes
Mrzlične sanje so mu švigale iz povečanih oči
long nails grew slowly on his parched fingers
dolgi nohti so mu počasi rasli na izsušenih prstih
and a dry, shaggy beard grew on his chin
na bradi pa mu je rasla suha, kosmata brada
His glance turned to ice when he encountered women
Njegov pogled se je spremenil v led, ko je srečal ženske
he walked through a city of nicely dressed people
hodil je skozi mesto lepo oblečenih ljudi
his mouth twitched with contempt for them
njegova usta so se mu zvijala od prezira do njih

He saw merchants trading and princes hunting
Videl je trgovce, ki trgujejo, in prince, ki lovijo
he saw mourners wailing for their dead
videl je žalujoče, ki so jokali za svojimi mrtvimi
and he saw whores offering themselves
in videl je kurbe, ki so se ponujale
physicians trying to help the sick
zdravniki, ki poskušajo pomagati bolnim
priests determining the most suitable day for seeding
duhovniki, ki določajo najprimernejši dan za setev
lovers loving and mothers nursing their children
ljubimci ljubeči in matere, ki dojijo svoje otroke
and all of this was not worthy of one look from his eyes
in vse to ni bilo vredno enega pogleda iz njegovih oči
it all lied, it all stank, it all stank of lies
vse je lagalo, vse je smrdelo, vse je smrdelo po laži
it all pretended to be meaningful and joyful and beautiful
vse se je pretvarjalo, da je smiselno, veselo in lepo
and it all was just concealed putrefaction
in vse je bilo samo prikrito gnitje
the world tasted bitter; life was torture
svet je bil grenak; življenje je bilo mučenje

A single goal stood before Siddhartha
Pred Siddharto je stal en sam cilj
his goal was to become empty
njegov cilj je bil postati prazen
his goal was to be empty of thirst
njegov cilj je bil biti prazen od žeje
empty of wishing and empty of dreams
brez želja in sanj
empty of joy and sorrow
brez veselja in žalosti
his goal was to be dead to himself
njegov cilj je bil biti mrtev sam sebi
his goal was not to be a self any more

njegov cilj ni bil več biti jaz
his goal was to find tranquillity with an emptied heart
njegov cilj je bil najti mir z izpraznjenim srcem
his goal was to be open to miracles in unselfish thoughts
njegov cilj je bil biti odprt za čudeže v nesebičnih mislih
to achieve this was his goal
doseči to je bil njegov cilj
when all of his self was overcome and had died
ko je bil ves njegov jaz premagan in je umrl
when every desire and every urge was silent in the heart
ko je molčala v srcu vsaka želja in vsaka želja
then the ultimate part of him had to awake
takrat se je moral prebuditi zadnji del njega
the innermost of his being, which is no longer his self
najbolj notranjega v njegovem bitju, ki ni več njegov jaz
this was the great secret
to je bila velika skrivnost

Silently, Siddhartha exposed himself to the burning rays of the sun
Siddhartha se je tiho izpostavil žgočim sončnim žarkom
he was glowing with pain and he was glowing with thirst
žarel je od bolečine in žarel je od žeje
and he stood there until he neither felt pain nor thirst
in stal je tam, dokler ni čutil niti bolečine niti žeje
Silently, he stood there in the rainy season
Tiho je stal tam v deževnem obdobju
from his hair the water was dripping over freezing shoulders
z las mu je voda kapljala čez zmrznjena ramena
the water was dripping over his freezing hips and legs
voda mu je kapljala po premrzlih bokih in nogah
and the penitent stood there
in spokornik je stal tam
he stood there until he could not feel the cold any more
stal je tam, dokler ni več čutil mraza

he stood there until his body was silent
stal je tam, dokler njegovo telo ni utihnilo
he stood there until his body was quiet
stal je tam, dokler njegovo telo ni utihnilo
Silently, he cowered in the thorny bushes
Molče se je skrival v trnatem grmovju
blood dripped from the burning skin
iz pekoče kože je kapljala kri
blood dripped from festering wounds
iz zagnojenih ran je kapljala kri
and Siddhartha stayed rigid and motionless
in Siddhartha je ostal tog in negiben
he stood until no blood flowed any more
stal je, dokler ni več tekla kri
he stood until nothing stung any more
stal je, dokler ga ni nič več ščemelo
he stood until nothing burned any more
stal je, dokler ni nič več gorelo
Siddhartha sat upright and learned to breathe sparingly
Siddhartha je sedel pokonci in se naučil varčno dihati
he learned to get along with few breaths
naučil se je razumeti z nekaj vdihi
he learned to stop breathing
naučil se je ustaviti dihanje
He learned, beginning with the breath, to calm the beating of his heart
Naučil se je, začenši z dihom, umiriti bitje svojega srca
he learned to reduce the beats of his heart
naučil se je zmanjšati utripe svojega srca
he meditated until his heartbeats were only a few
meditiral je, dokler ni bilo le nekaj srčnih utripov
and then his heartbeats were almost none
in potem njegovega srčnega utripa skoraj ni bilo
Instructed by the oldest of the Samanas, Siddhartha practised self-denial

Po navodilih najstarejšega Samana je Siddhartha vadil samozanikanje
he practised meditation, according to the new Samana rules
izvajal je meditacijo po novih pravilih Samane
A heron flew over the bamboo forest
Nad bambusovim gozdom je letela čaplja
Siddhartha accepted the heron into his soul
Siddhartha je sprejel čapljo v svojo dušo
he flew over forest and mountains
letel je čez gozd in gore
he was a heron, he ate fish
bil je čaplja, jedel je ribe
he felt the pangs of a heron's hunger
čutil je muke čaplje lakote
he spoke the heron's croak
je govoril čaplji krohot
he died a heron's death
umrl je kot čaplja
A dead jackal was lying on the sandy bank
Na peščenem bregu je ležal mrtev šakal
Siddhartha's soul slipped inside the body of the dead jackal
Siddharthova duša je zdrsnila v telo mrtvega šakala
he was the dead jackal laying on the banks and bloated
bil je mrtev šakal, ki je ležal na bregovih in napihnjen
he stank and decayed and was dismembered by hyenas
smrdel je in razpadal in razkosale so ga hijene
he was skinned by vultures and turned into a skeleton
odrli so ga jastrebi in ga spremenili v okostnjaka
he was turned to dust and blown across the fields
spremenjen je bil v prah in odpihnjen po poljih
And Siddhartha's soul returned
In Siddhartina duša se je vrnila
it had died, decayed, and was scattered as dust
umrlo je, razpadlo in se je raztreslo kot prah
it had tasted the gloomy intoxication of the cycle
okusilo je mračno opojnost cikla

it awaited with a new thirst, like a hunter in the gap
pričakovalo je z novo žejo, kakor lovec v vrzeli
in the gap where he could escape from the cycle
v vrzel, kjer bi lahko pobegnil iz cikla
in the gap where an eternity without suffering began
v vrzeli, kjer se je začela večnost brez trpljenja
he killed his senses and his memory
ubil je svoje čute in svoj spomin
he slipped out of his self into thousands of other forms
zdrsnil je iz sebe v tisoče drugih oblik
he was an animal, a carrion, a stone
bil je žival, mrhovina, kamen
he was wood and water
bil je les in voda
and he awoke every time to find his old self again
in vsakič se je zbudil, da bi spet našel starega sebe
whether sun or moon, he was his self again
naj bo sonce ali luna, spet je bil sam
he turned round in the cycle
se je obrnil v ciklu
he felt thirst, overcame the thirst, felt new thirst
začutil je žejo, premagal žejo, začutil novo žejo

Siddhartha learned a lot when he was with the Samanas
Siddhartha se je veliko naučil, ko je bil pri Samanah
he learned many ways leading away from the self
naučil se je mnogih načinov, ki vodijo stran od sebe
he learned how to let go
naučil se je izpustiti
He went the way of self-denial by means of pain
Šel je po poti samozatajitve s pomočjo bolečine
he learned self-denial through voluntarily suffering and overcoming pain
naučil se je odrekanja samega sebe skozi prostovoljno trpljenje in premagovanje bolečine
he overcame hunger, thirst, and tiredness

premagal je lakoto, žejo in utrujenost
He went the way of self-denial by means of meditation
S pomočjo meditacije je šel na pot samoodpovedi
he went the way of self-denial through imagining the mind to be void of all conceptions
šel je po poti samozanikanja skozi predstavo, da je um prazen vseh predstav
with these and other ways he learned to let go
s temi in drugimi načini se je naučil spuščati
a thousand times he left his self
tisočkrat je zapustil samega sebe
for hours and days he remained in the non-self
ure in dneve je ostajal v ne-jazu
all these ways led away from the self
vse te poti so vodile stran od sebe
but their path always led back to the self
vendar je njihova pot vedno vodila nazaj k sebi
Siddhartha fled from the self a thousand times
Siddhartha je tisočkrat bežal pred samim seboj
but the return to the self was inevitable
a vrnitev k sebi je bila neizogibna
although he stayed in nothingness, coming back was inevitable
čeprav je ostal v niču, je bila vrnitev neizogibna
although he stayed in animals and stones, coming back was inevitable
čeprav je ostal v živalih in kamnih, je bila vrnitev neizogibna
he found himself in the sunshine or in the moonlight again
spet se je znašel na soncu ali v mesečini
he found himself in the shade or in the rain again
spet se je znašel v senci ali na dežju
and he was once again his self; Siddhartha
in spet je bil sam; Siddharta
and again he felt the agony of the cycle which had been forced upon him
in spet je začutil agonijo cikla, ki mu je bil vsiljen

by his side lived Govinda, his shadow
ob njem je živel Govinda, njegova senca
Govinda walked the same path and undertook the same efforts
Govinda je hodil po isti poti in si prizadeval
they spoke to one another no more than the exercises required
med seboj niso govorili več, kot zahtevajo vaje
occasionally the two of them went through the villages
občasno sta šla onadva po vaseh
they went to beg for food for themselves and their teachers
hodili so prosit za hrano zase in za svoje učitelje
"How do you think we have progressed, Govinda" he asked
"Kako misliš, da smo napredovali, Govinda," je vprašal
"Did we reach any goals?" Govinda answered
"Smo dosegli kakšen cilj?" je odgovoril Govinda
"We have learned, and we'll continue learning"
"Učili smo se in se bomo še naprej"
"You'll be a great Samana, Siddhartha"
"Ti boš odličen Samana, Siddhartha"
"Quickly, you've learned every exercise"
"Hitro, naučil si se vsake vaje"
"often, the old Samanas have admired you"
"pogosto so te stari Samani občudovali"
"One day, you'll be a holy man, oh Siddhartha"
"Nekega dne boš sveti mož, o Siddhartha"
Spoke Siddhartha, "I can't help but feel that it is not like this, my friend"
Siddhartha je rekel: "Ne morem si kaj, da ne bi čutil, da ni tako, prijatelj moj."
"What I've learned being among the Samanas could have been learned more quickly"
"Kar sem se naučil med Samanami, bi se lahko naučil hitreje"
"it could have been learned by simpler means"
"lahko bi se naučili na preprostejši način"

"it could have been learned in any tavern"
"to bi se dalo naučiti v vsaki gostilni"
"it could have been learned where the whorehouses are"
"lahko bi se izvedelo, kje so javne hiše"
"I could have learned it among carters and gamblers"
"Lahko bi se tega naučil med furmani in hazarderji"
Spoke Govinda, "Siddhartha is joking with me"
Govoril je Govinda: "Siddhartha se šali z mano"
"How could you have learned meditation among wretched people?"
"Kako si se lahko naučil meditacije med nesrečnimi ljudmi?"
"how could whores have taught you about holding your breath?"
"kako so te kurbe lahko naučile zadrževanja diha?"
"how could gamblers have taught you insensitivity against pain?"
"kako so te lahko hazarderji naučili neobčutljivosti proti bolečini?"
Siddhartha spoke quietly, as if he was talking to himself
Siddhartha je govoril tiho, kot da bi govoril sam s seboj
"What is meditation?"
"Kaj je meditacija?"
"What is leaving one's body?"
"Kaj zapušča telo?"
"What is fasting?"
"Kaj je post?"
"What is holding one's breath?"
"Kaj je zadrževanje diha?"
"It is fleeing from the self"
"Je beg pred samim seboj"
"it is a short escape of the agony of being a self"
"je kratek pobeg iz agonije biti jaz"
"it is a short numbing of the senses against the pain"
"je kratka omrtvičenost čutov proti bolečini"
"it is avoiding the pointlessness of life"
"je izogibanje nesmiselnosti življenja"

"The same numbing is what the driver of an ox-cart finds in the inn"
"Enako omrtvičenje je voznik volovske vprege v gostilni"
"drinking a few bowls of rice-wine or fermented coconut-milk"
"pitje nekaj skled riževega vina ali fermentiranega kokosovega mleka"
"Then he won't feel his self anymore"
"Potem se ne bo več počutil samega sebe"
"then he won't feel the pains of life anymore"
"potem ne bo več čutil bolečin življenja"
"then he finds a short numbing of the senses"
"potem najde kratko omrtvičenje čutov"
"When he falls asleep over his bowl of rice-wine, he'll find the same what we find"
"Ko bo zaspal nad svojo skledo riževega vina, bo našel isto, kar najdemo mi."
"he finds what we find when we escape our bodies through long exercises"
"najde tisto, kar mi najdemo, ko z dolgimi vajami pobegnemo iz svojega telesa"
"all of us are staying in the non-self"
"vsi ostajamo v ne-jazu"
"This is how it is, oh Govinda"
"Tako je, o Govinda"
Spoke Govinda, "You say so, oh friend"
Govoril je Govinda: "Ti praviš, o prijatelj"
"and yet you know that Siddhartha is no driver of an ox-cart"
"in vendar veš, da Siddhartha ni voznik volovske vprege"
"and you know a Samana is no drunkard"
"in veš, da Samana ni pijanec"
"it's true that a drinker numbs his senses"
"res je, da pivec omrtviči svoje čute"
"it's true that he briefly escapes and rests"
"res je, da na kratko pobegne in počiva"

"but he'll return from the delusion and finds everything to be unchanged"
"toda vrnil se bo iz zablode in ugotovil, da je vse nespremenjeno"
"he has not become wiser"
"ni postal modrejši"
"he has gathered any enlightenment"
"zbral je kakršno koli razsvetljenje"
"he has not risen several steps"
"ni stopil več stopnic"
And Siddhartha spoke with a smile
In Siddhartha je govoril z nasmehom
"I do not know, I've never been a drunkard"
"Ne vem, nikoli nisem bil pijanec"
"I know that I find only a short numbing of the senses"
"Vem, da najdem le kratko omrtvičenje čutov"
"I find it in my exercises and meditations"
"Najdem ga v svojih vajah in meditacijah"
"and I find I am just as far removed from wisdom as a child in the mother's womb"
"in ugotovim, da sem tako daleč od modrosti kot otrok v materinem trebuhu"
"this I know, oh Govinda"
"to vem, o Govinda"

And once again, another time, Siddhartha began to speak
In spet, drugič, je Siddhartha začel govoriti
Siddhartha had left the forest, together with Govinda
Siddhartha je skupaj z Govindo zapustil gozd
they left to beg for some food in the village
odšli so prosit za nekaj hrane v vas
he said, "What now, oh Govinda?"
rekel je: "Kaj pa zdaj, o Govinda?"
"are we on the right path?"
"smo na pravi poti?"
"are we getting closer to enlightenment?"

"se bližamo razsvetljenju?"
"are we getting closer to salvation?"
"smo bližje odrešitvi?"
"Or do we perhaps live in a circle?"
"Ali morda živimo v krogu?"
"we, who have thought we were escaping the cycle"
"mi, ki smo mislili, da uhajamo iz kroga"
Spoke Govinda, "We have learned a lot"
Govoril je Govinda: "Veliko smo se naučili"
"Siddhartha, there is still much to learn"
"Siddhartha, še veliko se moraš naučiti"
"We are not going around in circles"
"Ne vrtimo se v krogu"
"we are moving up; the circle is a spiral"
"Gremo navzgor; krog je spirala"
"we have already ascended many levels"
"Povzpeli smo se že na veliko stopenj]"
Siddhartha answered, "How old would you think our oldest Samana is?"
Siddhartha je odgovoril: "Koliko misliš, da je star naš najstarejši Samana?"
"how old is our venerable teacher?"
"koliko je star naš spoštovani učitelj?"
Spoke Govinda, "Our oldest one might be about sixty years of age"
Govoril je Govinda: "Naš najstarejši je morda star okoli šestdeset let"
Spoke Siddhartha, "He has lived for sixty years"
Govoril je Siddhartha: "Živel je šestdeset let"
"and yet he has not reached the nirvana"
"in vendar ni dosegel nirvane"
"He'll turn seventy and eighty"
"Dopolnil bo sedemdeset in osemdeset"
"you and me, we will grow just as old as him"
"ti in jaz bova stara prav toliko kot on"
"and we will do our exercises"

"in naredili bomo svoje vaje"
"and we will fast, and we will meditate"
"in postili se bomo in meditirali bomo"
"But we will not reach the nirvana"
"A nirvane ne bomo dosegli"
"he won't reach nirvana and we won't"
"on ne bo dosegel nirvane in mi ne bomo"
"there are uncountable Samanas out there"
"tam zunaj je nešteto Samanas"
"perhaps not a single one will reach the nirvana"
"morda nihče ne bo dosegel nirvane"
"We find comfort, we find numbness, we learn feats"
"Najdemo tolažbo, najdemo otopelost, naučimo se podvigov"
"we learn these things to deceive others"
"teh stvari se naučimo, da zavajamo druge"
"But the most important thing, the path of paths, we will not find"
"Toda najpomembnejšega, poti poti, ne bomo našli"
Spoke Govinda "If you only wouldn't speak such terrible words, Siddhartha!"
Govoril je Govinda: "Ko le ne bi govoril tako groznih besed, Siddhartha!"
"there are so many learned men"
"toliko je učenih mož"
"how could not one of them not find the path of paths?"
"kako eden od njih ne bi našel poti poti?"
"how can so many Brahmans not find it?"
"kako ga lahko toliko brahmanov ne najde?"
"how can so many austere and venerable Samanas not find it?"
"kako ga lahko toliko strogih in častitljivih Samana ne najde?"
"how can all those who are searching not find it?"
"kako ga vsi tisti, ki iščejo, ne najdejo?"
"how can the holy men not find it?"
"kako ga sveti možje ne najdejo?"
But Siddhartha spoke with as much sadness as mockery

Toda Siddhartha je govoril s toliko žalosti kot posmeha
he spoke with a quiet, a slightly sad, a slightly mocking voice
je govoril s tihim, nekoliko žalostnim, nekoliko posmehljivim glasom

"Soon, Govinda, your friend will leave the path of the Samanas"
"Kmalu, Govinda, bo tvoj prijatelj zapustil pot Samanas"
"he has walked along your side for so long"
"tako dolgo je hodil ob tebi"
"I'm suffering of thirst"
"Muči me žeja"
"on this long path of a Samana, my thirst has remained as strong as ever"
"na tej dolgi poti samane je moja žeja ostala tako močna kot vedno"
"I always thirsted for knowledge"
"Vedno sem hrepenel po znanju"
"I have always been full of questions"
"Vedno sem bil poln vprašanj"
"I have asked the Brahmans, year after year"
"Brahmane sem spraševal leto za letom"
"and I have asked the holy Vedas, year after year"
"in spraševal sem svete Vede, leto za letom"
"and I have asked the devoted Samanas, year after year"
"in spraševal sem predane Samane, leto za letom"
"perhaps I could have learned it from the hornbill bird"
"mogoče bi se tega lahko naučil od ptice kljunorog"
"perhaps I should have asked the chimpanzee"
"mogoče bi moral vprašati šimpanza"
"It took me a long time"
"Potreboval sem dolgo časa"
"and I am not finished learning this yet"
"in tega se še nisem naučil"
"oh Govinda, I have learned that there is nothing to be learned!"

"oh Govinda, naučil sem se, da se ni ničesar za naučiti!"
"There is indeed no such thing as learning"
"Učenje res ne obstaja"
"There is just one knowledge"
"Samo eno znanje je"
"this knowledge is everywhere, this is Atman"
"to znanje je povsod, to je Atman"
"this knowledge is within me and within you"
"to znanje je v meni in v tebi"
"and this knowledge is within every creature"
"in to znanje je v vsakem bitju"
"this knowledge has no worse enemy than the desire to know it"
"to znanje nima hujšega sovražnika od želje po spoznanju"
"that is what I believe"
"v to verjamem"
At this, Govinda stopped on the path
Ob tem se je Govinda ustavil na poti
he rose his hands, and spoke
dvignil je roke in spregovoril
"If only you would not bother your friend with this kind of talk"
"Ko le ne bi gnjavil svojega prijatelja s takim govorjenjem"
"Truly, your words stir up fear in my heart"
"Res, tvoje besede vzbujajo strah v mojem srcu"
"consider, what would become of the sanctity of prayer?"
"Razmislite, kaj bi se zgodilo s svetostjo molitve?"
"what would become of the venerability of the Brahmans' caste?"
"kaj bi bilo s častitljivostjo brahmanske kaste?"
"what would happen to the holiness of the Samanas?"
"kaj bi se zgodilo s svetostjo Samanov?"
"What would then become of all of that is holy"
"Kaj bi potem bilo iz vsega tega, je sveto"
"what would still be precious?"
"kaj bi bilo še dragoceno?"

And Govinda mumbled a verse from an Upanishad to himself
In Govinda je sam sebi zamrmral verz iz Upanišade
"He who ponderingly, of a purified spirit, loses himself in the meditation of Atman"
"Tisti, ki se premišljeno, prečiščenega duha izgubi v meditaciji Atmana"
"inexpressible by words is the blissfulness of his heart"
"z besedami neizrekljiva je blaženost njegovega srca"
But Siddhartha remained silent
Toda Siddhartha je ostal tiho
He thought about the words which Govinda had said to him
Razmišljal je o besedah, ki mu jih je rekel Govinda
and he thought the words through to their end
in besede je premislil do konca
he thought about what would remain of all that which seemed holy
mislil je, kaj bo ostalo od vsega, kar se je zdelo sveto
What remains? What can stand the test?
Kaj ostane? Kaj lahko zdrži preizkus?
And he shook his head
In zmajal je z glavo

the two young men had lived among the Samanas for about three years
mladeniča sta živela med Samanami približno tri leta
some news, a rumour, a myth reached them
do njih je prišla kakšna novica, govorica, mit
the rumour had been retold many times
govorica je bila večkrat ponovljena
A man had appeared, Gotama by name
Pojavil se je moški, po imenu Gotama
the exalted one, the Buddha
vzvišeni, Buda
he had overcome the suffering of the world in himself
v sebi je premagal trpljenje sveta

and he had halted the cycle of rebirths
in ustavil je krog ponovnih rojstev
He was said to wander through the land, teaching
Govorili so, da se je potepal po deželi in poučeval
he was said to be surrounded by disciples
naj bi bil obkrožen z učenci
he was said to be without possession, home, or wife
rekel je, da je bil brez imetja, doma in žene
he was said to be in just the yellow cloak of an ascetic
bil naj bi samo v rumenem plašču asketa
but he was with a cheerful brow
vendar je bil z veselim čelom
and he was said to be a man of bliss
in zanj so rekli, da je človek blaženosti
Brahmans and princes bowed down before him
Brahmani in knezi so se priklanjali pred njim
and they became his students
in postali so njegovi učenci
This myth, this rumour, this legend resounded
Ta mit, ta govorica, ta legenda je odmevala
its fragrance rose up, here and there, in the towns
njegov vonj se je dvigal tu in tam po mestih
the Brahmans spoke of this legend
Brahmani so govorili o tej legendi
and in the forest, the Samanas spoke of it
in v gozdu so Samane govorile o tem
again and again, the name of Gotama the Buddha reached the ears of the young men
znova in znova je ime Gotame Bude prišlo na ušesa mladih moških
there was good and bad talk of Gotama
govorilo se je dobro in slabo o Gotami
some praised Gotama, others defamed him
nekateri so hvalili Gotamo, drugi ga obrekovali
It was as if the plague had broken out in a country
Bilo je, kot bi v neki državi izbruhnila kuga

news had been spreading around that in one or another place there was a man
naokoli so se širile novice, da je na enem ali drugem mestu človek
a wise man, a knowledgeable one
moder človek, razgledan človek
a man whose word and breath was enough to heal everyone
človek, čigar beseda in dih sta bila dovolj za ozdravitev vseh
his presence could heal anyone who had been infected with the pestilence
njegova prisotnost bi lahko ozdravila vsakogar, ki je bil okužen s kugo
such news went through the land, and everyone would talk about it
take novice so šle po deželi in vsi bi govorili o tem
many believed the rumours, many doubted them
mnogi govoricam verjeli, mnogi dvomili vanje
but many got on their way as soon as possible
a mnogi so šli na pot čim prej
they went to seek the wise man, the helper
šli so iskat modrega moža, pomočnika
the wise man of the family of Sakya
modrec iz družine Sakya
He possessed, so the believers said, the highest enlightenment
Imel je, tako so rekli verniki, najvišje razsvetljenje
he remembered his previous lives; he had reached the nirvana
spomnil se je svojih prejšnjih življenj; dosegel je nirvano
and he never returned into the cycle
in nikoli se ni vrnil v cikel
he was never again submerged in the murky river of physical forms
nikoli več ni bil potopljen v motno reko fizičnih oblik
Many wonderful and unbelievable things were reported of him

O njem so poročali o mnogih čudovitih in neverjetnih stvareh
he had performed miracles
delal je čudeže
he had overcome the devil
premagal je hudiča
he had spoken to the gods
je govoril z bogovi
But his enemies and disbelievers said Gotama was a vain seducer
Toda njegovi sovražniki in neverniki so rekli, da je Gotama nečimren zapeljivec
they said he spent his days in luxury
rekli so, da je dneve preživljal v razkošju
they said he scorned the offerings
rekli so, da je daritve preziral
they said he was without learning
rekli so, da je brez učenja
they said he knew neither meditative exercises nor self-castigation
dejali so, da ne pozna niti meditativnih vaj niti samokazovanja
The myth of Buddha sounded sweet
Mit o Budi je zvenel sladko
The scent of magic flowed from these reports
Iz teh poročil je vejal vonj po čarovniji
After all, the world was sick, and life was hard to bear
Konec koncev je bil svet bolan in življenje je bilo težko prenašati
and behold, here a source of relief seemed to spring forth
in glej, tukaj se je zdelo, da izvira vir olajšanja
here a messenger seemed to call out
tukaj se je zdelo, da je klical sel
comforting, mild, full of noble promises
tolažilen, blag, poln plemenitih obljub
Everywhere where the rumour of Buddha was heard, the young men listened up

Povsod, kjer se je slišala govorica o Budi, so mladeniči poslušali
everywhere in the lands of India they felt a longing
povsod v deželah Indije so čutili hrepenenje
everywhere where the people searched, they felt hope
povsod, kjer so ljudje iskali, so čutili upanje
every pilgrim and stranger was welcome when he brought news of him
vsak romar in tujec je bil dobrodošel, ko je prinesel novice o njem
the exalted one, the Sakyamuni
vzvišenega, Šakjamunija
The myth had also reached the Samanas in the forest
Mit je dosegel tudi Samane v gozdu
and Siddhartha and Govinda heard the myth too
in tudi Siddhartha in Govinda sta slišala mit
slowly, drop by drop, they heard the myth
počasi, po kapljicah, so slišali mit
every drop was laden with hope
vsaka kapljica je bila polna upanja
every drop was laden with doubt
vsaka kapljica je bila obremenjena z dvomom
They rarely talked about it
Redko so govorili o tem
because the oldest one of the Samanas did not like this myth
ker najstarejšemu od Samana ta mit ni bil všeč
he had heard that this alleged Buddha used to be an ascetic
slišal je, da je bil ta domnevni Buda nekoč asket
he heard he had lived in the forest
slišal je, da je živel v gozdu
but he had turned back to luxury and worldly pleasures
vendar se je obrnil nazaj k razkošju in posvetnim užitkom
and he had no high opinion of this Gotama
in o tem Gotami ni imel visokega mnenja

"Oh Siddhartha," Govinda spoke one day to his friend

"O Siddhartha," je Govinda nekega dne govoril svojemu prijatelju
"Today, I was in the village"
"Danes sem bil v vasi"
"and a Brahman invited me into his house"
"in Brahman me je povabil v svojo hišo"
"and in his house, there was the son of a Brahman from Magadha"
"in v njegovi hiši je bil sin Brahmana iz Magadhe"
"he has seen the Buddha with his own eyes"
"Videl je Budo na lastne oči"
"and he has heard him teach"
"in slišal ga je učiti"
"Verily, this made my chest ache when I breathed"
"Res, zaradi tega so me bolele prsi, ko sem dihal"
"and I thought this to myself:"
"in sem si mislil tole:"
"if only we heard the teachings from the mouth of this perfected man!"
"ko bi le slišali nauke iz ust tega izpopolnjenega človeka!"
"Speak, friend, wouldn't we want to go there too"
"Govori, prijatelj, ali ne bi tudi mi želeli iti tja"
"wouldn't it be good to listen to the teachings from the Buddha's mouth?"
"ali ne bi bilo dobro poslušati učenja iz Budovih ust?"
Spoke Siddhartha, **"I had thought you would stay with the Samanas"**
Siddhartha je rekel: "Mislil sem, da boš ostal pri Samanah"
"I always had believed your goal was to live to be seventy"
"Vedno sem verjel, da je tvoj cilj doživeti sedemdeset let."
"I thought you would keep practising those feats and exercises"
"Mislil sem, da boš še naprej izvajal te podvige in vaje"
"and I thought you would become a Samana"
"in mislil sem, da boš postal Samana"
"But behold, I had not known Govinda well enough"

"Toda glej, Govinde nisem poznal dovolj dobro"
"I knew little of his heart"
"Malo sem poznal njegovo srce"
"So now you want to take a new path"
"Torej zdaj želiš ubrati novo pot"
"and you want to go there where the Buddha spreads his teachings"
"in želiš iti tja, kjer Buda širi svoje nauke"
Spoke Govinda, "You're mocking me"
Govoril je Govinda: "Posmehuješ se mi"
"Mock me if you like, Siddhartha!"
"Posmehuj se mi, če hočeš, Siddhartha!"
"But have you not also developed a desire to hear these teachings?"
"Toda ali niste razvili tudi želje, da bi slišali te nauke?"
"have you not said you would not walk the path of the Samanas for much longer?"
"ali nisi rekel, da ne boš še dolgo hodil po poti Saman?"
At this, Siddhartha laughed in his very own manner
Ob tem se je Siddhartha zasmejal na svoj način
the manner in which his voice assumed a touch of sadness
način, na katerega je njegov glas prevzel pridih žalosti
but it still had that touch of mockery
vendar je še vedno imel tisti pridih posmeha
Spoke Siddhartha, "Govinda, you've spoken well"
Siddhartha je rekel: "Govinda, dobro si govoril"
"you've remembered correctly what I said"
"prav si si zapomnil, kar sem rekel"
"If only you remembered the other thing you've heard from me"
"Ko bi se le spomnil tistega drugega, kar si slišal od mene"
"I have grown distrustful and tired against teachings and learning"
"Postal sem nezaupljiv in utrujen od naukov in učenja"
"my faith in words, which are brought to us by teachers, is small"

"moja vera v besede, ki nam jih prinašajo učitelji, je majhna"
"But let's do it, my dear"
"Ampak naredimo to, draga moja"
"I am willing to listen to these teachings"
"Pripravljen sem poslušati te nauke"
"though in my heart I do not have hope"
"čeprav v srcu nimam upanja"
"I believe that we've already tasted the best fruit of these teachings"
"Verjamem, da smo že okusili najboljši sad teh naukov"
Spoke Govinda, "Your willingness delights my heart"
Govoril je Govinda: "Tvoja pripravljenost razveseljuje moje srce"
"But tell me, how should this be possible?"
"Ampak povej mi, kako naj bi bilo to mogoče?"
"How can the Gotama's teachings have already revealed their best fruit to us?"
"Kako so nam lahko Gotamini nauki že razkrili svoj najboljši sad?"
"we have not heard his words yet"
"njegovih besed še nismo slišali"
Spoke Siddhartha, "Let us eat this fruit"
Siddhartha je rekel: "Jejmo ta sadež"
"and let us wait for the rest, oh Govinda!"
"in počakajmo na ostalo, o Govinda!"
"But this fruit consists in him calling us away from the Samanas"
"Toda ta sad je v tem, da nas kliče proč od Samanas"
"and we have already received it thanks to the Gotama!"
"in že smo ga prejeli po zaslugi Gotame!"
"Whether he has more, let us await with calm hearts"
"Če ima več, počakajmo mirnega srca"

On this very same day Siddhartha spoke to the oldest Samana
Na isti dan je Siddhartha govoril z najstarejšim Samano

he told him of his decision to leaves the Samanas
povedal mu je svojo odločitev, da zapusti Samane
he informed the oldest one with courtesy and modesty
je vljudno in skromno sporočil najstarejšemu
but the Samana became angry that the two young men wanted to leave him
vendar se je Samana razjezil, ker sta ga mladeniča hotela zapustiti
and he talked loudly and used crude words
in govoril je glasno in uporabljal grobe besede
Govinda was startled and became embarrassed
Govinda je bil presenečen in postalo mu je nerodno
But Siddhartha put his mouth close to Govinda's ear
Toda Siddhartha je svoja usta približal Govindinemu ušesu
"Now, I want to show the old man what I've learned from him"
"Zdaj pa želim staremu pokazati, kaj sem se od njega naučil."
Siddhartha positioned himself closely in front of the Samana
Siddhartha se je postavil tesno pred Samano
with a concentrated soul, he captured the old man's glance
s skoncentrirano dušo je ujel starčev pogled
he deprived him of his power and made him mute
odvzel mu je moč in ga naredil nemega
he took away his free will
vzel mu je svobodno voljo
he subdued him under his own will, and commanded him
podredil ga je svoji volji in mu ukazal
his eyes became motionless, and his will was paralysed
njegove oči so postale negibne in njegova volja je bila paralizirana
his arms were hanging down without power
roke so mu brez moči visele navzdol
he had fallen victim to Siddhartha's spell
postal je žrtev Siddhartinega uroka

Siddhartha's thoughts brought the Samana under their control
Siddharthine misli so Samano spravile pod njihov nadzor
he had to carry out what they commanded
moral je izvršiti, kar so ukazali
And thus, the old man made several bows
In tako je starec naredil več lokov
he performed gestures of blessing
izvajal je geste blagoslova
he spoke stammeringly a godly wish for a good journey
jecljaje je govoril božjo željo za dobro pot
the young men returned the good wishes with thanks
mladeniči so dobre želje vračali z zahvalo
they went on their way with salutations
s pozdravi so odšli na pot
On the way, Govinda spoke again
Med potjo je Govinda spet spregovoril
"Oh Siddhartha, you have learned more from the Samanas than I knew"
"Oh Siddhartha, od Samanov si se naučil več, kot sem vedel."
"It is very hard to cast a spell on an old Samana"
"Zelo težko je učarati staro Samano"
"Truly, if you had stayed there, you would soon have learned to walk on water"
"Res, če bi ostal tam, bi se kmalu naučil hoditi po vodi"
"I do not seek to walk on water" said Siddhartha
"Ne želim hoditi po vodi," je rekel Siddhartha
"Let old Samanas be content with such feats!"
"Naj bodo stari Samani zadovoljni s takimi podvigi!"

Gotama

In Savathi, every child knew the name of the exalted Buddha
V Savatiju je vsak otrok poznal ime vzvišenega Bude
every house was prepared for his coming
vsaka hiša je bila pripravljena na njegov prihod
each house filled the alms-dishes of Gotama's disciples
vsaka hiša je napolnila miloščine Gotaminih učencev
Gotama's disciples were the silently begging ones
Gotamovi učenci so bili tisti, ki so tiho prosjačili
Near the town was Gotama's favourite place to stay
V bližini mesta je bil Gotamin najljubši kraj za bivanje
he stayed in the garden of Jetavana
ostal je v vrtu Jetavana
the rich merchant Anathapindika had given the garden to Gotama
bogati trgovec Anathapindika je vrt podaril Gotami
he had given it to him as a gift
dal mu ga je kot darilo
he was an obedient worshipper of the exalted one
bil je poslušen častilec vzvišenega
the two young ascetics had received tales and answers
mlada asketa sta prejela zgodbe in odgovore
all these tales and answers pointed them to Gotama's abode
vse te zgodbe in odgovori so jih napotili na Gotamino bivališče
they arrived in the town of Savathi
prispeli so v mesto Savathi
they went to the very first door of the town
šli so do prvih mestnih vrat
and they begged for food at the door
in že na vratih so prosili za hrano
a woman offered them food
ženska jim je ponudila hrano
and they accepted the food

in sprejeli so hrano
Siddhartha asked the woman
je Siddhartha vprašal žensko
"oh charitable one, where does the Buddha dwell?"
"o, dobrodelni, kje prebiva Buda?"
"we are two Samanas from the forest"
"sva dva Samana iz gozda"
"we have come to see the perfected one"
"prišli smo pogledat izpopolnjenega"
"we have come to hear the teachings from his mouth"
"prišli smo, da bi slišali nauke iz njegovih ust"
Spoke the woman, "you Samanas from the forest"
Govorila je ženska, "vi Samane iz gozda"
"you have truly come to the right place"
"res ste prišli na pravo mesto"
"you should know, in Jetavana, there is the garden of Anathapindika"
"moraš vedeti, v Jetavani je vrt Anathapindika"
"that is where the exalted one dwells"
"tam prebiva vzvišeni"
"there you pilgrims shall spend the night"
"tam boste romarji prenočili"
"there is enough space for the innumerable, who flock here"
"prostora je dovolj za neštete, ki se zgrinjajo sem"
"they too come to hear the teachings from his mouth"
"tudi oni pridejo poslušat nauke iz njegovih ust"
This made Govinda happy, and full of joy
To je Govinda osrečilo in polno veselja
he exclaimed, "we have reached our destination"
je vzkliknil, "prispeli smo do cilja"
"our path has come to an end!"
"naša pot se je končala!"
"But tell us, oh mother of the pilgrims"
"Toda povej nam, o mati romarjev"
"do you know him, the Buddha?"
"ga poznaš, Budo?"

"have you seen him with your own eyes?"
"si ga videl na lastne oči?"
Spoke the woman, "Many times I have seen him, the exalted one"
Ženska je rekla: "Velikokrat sem ga videla, vzvišenega"
"On many days I have seen him"
"Veliko dni sem ga videl"
"I have seen him walking through the alleys in silence"
"Videl sem ga, kako je molče hodil po ulicah"
"I have seen him wearing his yellow cloak"
"Videl sem ga oblečenega v njegov rumeni plašč"
"I have seen him presenting his alms-dish in silence"
"Videl sem ga, kako je v tišini dajal svojo miloščino"
"I have seen him at the doors of the houses"
"Videl sem ga na vratih hiš"
"and I have seen him leaving with a filled dish"
"in videl sem ga oditi z napolnjeno posodo"
Delightedly, Govinda listened to the woman
Govinda je navdušeno poslušal žensko
and he wanted to ask and hear much more
in še marsikaj je hotel vprašati in slišati
But Siddhartha urged him to walk on
Toda Siddhartha ga je pozval, naj gre naprej
They thanked the woman and left
Ženski sta se zahvalila in odšla
they hardly had to ask for directions
skoraj jim ni bilo treba vprašati za pot
many pilgrims and monks were on their way to the Jetavana
veliko romarjev in menihov je bilo na poti v Jetavano
they reached it at night, so there were constant arrivals
dosegli so ga ponoči, zato so bili stalni prihodi
and those who sought shelter got it
in tisti, ki so iskali zatočišče, so ga dobili
The two Samanas were accustomed to life in the forest
Samani sta bili navajeni življenja v gozdu

so without making any noise they quickly found a place to stay
zato so brez hrupa hitro našli prenočišče
and they rested there until the morning
in tam so počivali do jutra

At sunrise, they saw with astonishment the size of the crowd
Ob sončnem vzhodu so z začudenjem opazili velikost množice
a great many number of believers had come
prišlo je zelo veliko vernikov
and a great number of curious people had spent the night here
in ogromno radovednežev je tu prenočilo
On all paths of the marvellous garden, monks walked in yellow robes
Po vseh poteh čudovitega vrta so hodili menihi v rumenih oblačilih
under the trees they sat here and there, in deep contemplation
pod drevesi so sedeli tu in tam, globoko zamišljeni
or they were in a conversation about spiritual matters
ali pa sta se pogovarjala o duhovnih zadevah
the shady gardens looked like a city
senčni vrtovi so bili videti kot mesto
a city full of people, bustling like bees
mesto polno ljudi, vrvečih kot čebele
The majority of the monks went out with their alms-dish
Večina menihov je šla ven s svojo miloščino
they went out to collect food for their lunch
šli so po hrano za kosilo
this would be their only meal of the day
to bi bil njihov edini obrok v dnevu
The Buddha himself, the enlightened one, also begged in the mornings
Tudi sam Buda, razsvetljeni, je prosjačil zjutraj
Siddhartha saw him, and he instantly recognised him

Siddhartha ga je videl in takoj ga je prepoznal
he recognised him as if a God had pointed him out
spoznal ga je, kot bi ga Bog pokazal
He saw him, a simple man in a yellow robe
Zagledal ga je, preprostega človeka v rumeni halji
he was bearing the alms-dish in his hand, walking silently
v roki je nosil miloščino in je molče hodil
"Look here!" Siddhartha said quietly to Govinda
"Poglej sem!" je tiho rekel Siddhartha Govindi
"This one is the Buddha"
"Ta je Buda"
Attentively, Govinda looked at the monk in the yellow robe
Govinda je pozorno pogledal meniha v rumeni obleki
this monk seemed to be in no way different from any of the others
zdelo se je, da se ta menih v ničemer ne razlikuje od drugih
but soon, Govinda also realized that this is the one
a kmalu je tudi Govinda spoznal, da je to tisti
And they followed him and observed him
In sledili so mu in ga opazovali
The Buddha went on his way, modestly and deep in his thoughts
Buda je nadaljeval svojo pot, skromen in globoko zamišljen
his calm face was neither happy nor sad
njegov mirni obraz ni bil ne vesel ne žalosten
his face seemed to smile quietly and inwardly
zdelo se je, da se njegov obraz tiho in vase smehlja
his smile was hidden, quiet and calm
njegov nasmeh je bil prikrit, tih in miren
the way the Buddha walked somewhat resembled a healthy child
način, kako je Buda hodil, je nekoliko spominjal na zdravega otroka
he walked just as all of his monks did
hodil je tako kot vsi njegovi menihi
he placed his feet according to a precise rule

noge je postavil po točno določenem pravilu
his face and his walk, his quietly lowered glance
njegov obraz in njegova hoja, njegov tiho spuščen pogled
his quietly dangling hand, every finger of it
njegova tiho viseča roka, vsak njen prst
all these things expressed peace
vse te stvari so izražale mir
all these things expressed perfection
vse te stvari so izražale popolnost
he did not search, nor did he imitate
ni iskal, niti posnemal
he softly breathed inwardly an unwhithering calm
mehko je v sebi vdihnil neskončen mir
he shone outwardly an unwhithering light
navzven je sijal neizprosno svetlobo
he had about him an untouchable peace
o sebi je imel nedotakljiv mir
the two Samanas recognised him solely by the perfection of his calm
dva Samana sta ga prepoznala zgolj po popolnosti njegove umirjenosti
they recognized him by the quietness of his appearance
spoznali so ga po tihem videzu
the quietness in his appearance in which there was no searching
tišina v njegovem videzu, v kateri ni bilo iskanja
there was no desire, nor imitation
ni bilo želje, niti posnemanja
there was no effort to be seen
ni bilo truda videti
only light and peace was to be seen in his appearance
le svetloba in mir je bilo videti v njegovem videzu
"Today, we'll hear the teachings from his mouth" said Govinda
"Danes bomo slišali nauke iz njegovih ust," je rekel Govinda
Siddhartha did not answer

Siddhartha ni odgovoril
He felt little curiosity for the teachings
Čutil je malo radovednosti do naukov
he did not believe that they would teach him anything new
ni verjel, da ga bodo naučili česa novega
he had heard the contents of this Buddha's teachings again and again
znova in znova je slišal vsebino tega Budovega učenja
but these reports only represented second hand information
vendar so ta poročila predstavljala le informacije iz druge roke
But attentively he looked at Gotama's head
Toda pozorno je pogledal Gotamovo glavo
his shoulders, his feet, his quietly dangling hand
njegova ramena, njegova stopala, njegova tiho viseča roka
it was as if every finger of this hand was of these teachings
bilo je, kot da bi bil vsak prst te roke teh naukov
his fingers spoke of truth
njegovi prsti so govorili o resnici
his fingers breathed and exhaled the fragrance of truth
njegovi prsti so dihali in izdihovali dišavo resnice
his fingers glistened with truth
njegovi prsti so se lesketali od resnice
this Buddha was truthful down to the gesture of his last finger
ta Buda je bil resničen vse do poteze svojega zadnjega prsta
Siddhartha could see that this man was holy
Siddhartha je videl, da je ta človek svet
Never before, Siddhartha had venerated a person so much
Še nikoli prej Siddhartha ni tako zelo častil osebo
he had never before loved a person as much as this one
še nikoli ni imel tako rad osebe, kot je ta
They both followed the Buddha until they reached the town
Oba sta sledila Budi, dokler nista prišla do mesta
and then they returned to their silence
nato pa so se vrnili v tišino
they themselves intended to abstain on this day

sami so se nameravali ta dan vzdržati
They saw Gotama returning the food that had been given to him
Videli so, kako Gotama vrača hrano, ki mu je bila dana
what he ate could not even have satisfied a bird's appetite
kar je pojedel, ni moglo potešiti niti ptičjega apetita
and they saw him retiring into the shade of the mango-trees
in videli so ga, kako se umika v senco mangovih dreves

in the evening the heat had cooled down
zvečer se je vročina ohladila
everyone in the camp started to bustle about and gathered around
vsi v taborišču so se začeli vrveti in zbirati okoli
they heard the Buddha teaching, and his voice
slišali so Budin nauk in njegov glas
and his voice was also perfected
in tudi njegov glas je bil izpopolnjen
his voice was of perfect calmness
njegov glas je bil popolnoma umirjen
his voice was full of peace
njegov glas je bil poln miru
Gotama taught the teachings of suffering
Gotama je učil nauke o trpljenju
he taught of the origin of suffering
učil je o izvoru trpljenja
he taught of the way to relieve suffering
učil je o načinu lajšanja trpljenja
Calmly and clearly his quiet speech flowed on
Mirno in jasno je tekel njegov tihi govor
Suffering was life, and full of suffering was the world
Trpljenje je bilo življenje in svet je bil poln trpljenja
but salvation from suffering had been found
toda odrešitev pred trpljenjem je bila najdena
salvation was obtained by him who would walk the path of the Buddha

odrešitev je dobil tisti, ki bo hodil po poti Bude
With a soft, yet firm voice the exalted one spoke
Z mehkim, a trdnim glasom je govoril vzvišeni
he taught the four main doctrines
učil je štiri glavne nauke
he taught the eight-fold path
učil je osemkratno pot
patiently he went the usual path of the teachings
potrpežljivo je šel po običajni poti naukov
his teachings contained the examples
njegovi nauki so vsebovali primere
his teaching made use of the repetitions
njegovo poučevanje je uporabljalo ponavljanja
brightly and quietly his voice hovered over the listeners
svetlo in tiho je lebdel njegov glas nad poslušalci
his voice was like a light
njegov glas je bil kot luč
his voice was like a starry sky
njegov glas je bil kot zvezdno nebo
When the Buddha ended his speech, many pilgrims stepped forward
Ko je Buda končal svoj govor, so številni romarji stopili naprej
they asked to be accepted into the community
zaprosili so za sprejem v skupnost
they sought refuge in the teachings
so iskali zatočišče v naukih
And Gotama accepted them by speaking
In Gotama jih je sprejel z govorom
"You have heard the teachings well"
"Dobro ste slišali nauke"
"join us and walk in holiness"
"pridruži se nam in hodi v svetosti"
"put an end to all suffering"
"končati vse trpljenje"
Behold, then Govinda, the shy one, also stepped forward and spoke

Glej, takrat je Govinda, sramežljivi, prav tako stopil naprej in spregovoril
"I also take my refuge in the exalted one and his teachings"
"Tudi jaz se zatekam k vzvišenemu in njegovim naukom"
and he asked to be accepted into the community of his disciples
in prosil je za sprejem v skupnost svojih učencev
and he was accepted into the community of Gotama's disciples
in bil je sprejet v skupnost Gotaminih učencev

the Buddha had retired for the night
Buda se je umaknil za noč
Govinda turned to Siddhartha and spoke eagerly
Govinda se je obrnil k Siddharti in vneto spregovoril
"Siddhartha, it is not my place to scold you"
"Siddhartha, ni moje, da te grajam"
"We have both heard the exalted one"
"Oba sva slišala vzvišenega"
"we have both perceived the teachings"
"oba sva zaznala nauke"
"Govinda has heard the teachings"
"Govinda je slišal nauke"
"he has taken refuge in the teachings"
"zatekel se je v nauke"
"But, my honoured friend, I must ask you"
"Ampak, moj spoštovani prijatelj, moram te vprašati"
"don't you also want to walk the path of salvation?"
"ali ne želiš tudi ti hoditi po poti odrešenja?"
"Would you want to hesitate?"
"Bi okleval?"
"do you want to wait any longer?"
"želiš še počakati?"
Siddhartha awakened as if he had been asleep
Siddhartha se je zbudil, kot bi spal
For a long time, he looked into Govinda's face

Dolgo je gledal v Govindin obraz
Then he spoke quietly, in a voice without mockery
Nato je spregovoril tiho, z glasom brez posmeha
"Govinda, my friend, now you have taken this step"
"Govinda, prijatelj moj, zdaj si naredil ta korak"
"now you have chosen this path"
"zdaj si izbral to pot"
"Always, oh Govinda, you've been my friend"
"Vedno, o Govinda, bil si moj prijatelj"
"you've always walked one step behind me"
"vedno si hodil korak za mano"
"Often I have thought about you"
"Pogosto sem razmišljal o tebi"
"'Won't Govinda for once also take a step by himself'"
"'Ali ne bo Govinda enkrat tudi sam naredil koraka'"
"'won't Govinda take a step without me?'"
"'ali Govinda ne bo naredil koraka brez mene?'"
"'won't he take a step driven by his own soul?'"
"'ali ne bo naredil koraka, ki ga bo vodila lastna duša?'"
"Behold, now you've turned into a man"
"Glej, zdaj si postal moški"
"you are choosing your path for yourself"
"sami si izbirate svojo pot"
"I wish that you would go it up to its end"
"Želim si, da bi šel do konca"
"oh my friend, I hope that you shall find salvation!"
"o moj prijatelj, upam, da boš našel odrešitev!"
Govinda, did not completely understand it yet
Govinda, še ni povsem razumel
he repeated his question in an impatient tone
je ponovil svoje vprašanje z nestrpnim tonom
"Speak up, I beg you, my dear!"
"Govori, prosim te, draga moja!"
"Tell me, since it could not be any other way"
"Povej mi, saj ne more biti drugače"
"won't you also take your refuge with the exalted Buddha?"

"ali se ne boste tudi vi zatekli k vzvišenemu Budi?"
Siddhartha placed his hand on Govinda's shoulder
Siddhartha je položil roko na Govindino ramo
"You failed to hear my good wish for you"
"Nisi slišal moje dobre želje zate"
"I'm repeating my wish for you"
"Ponavljam svojo željo zate"
"I wish that you would go this path"
"Želim si, da bi šel po tej poti"
"I wish that you would go up to this path's end"
"Želim si, da bi šel do konca te poti"
"I wish that you shall find salvation!"
"Želim si, da bi našel odrešitev!"
In this moment, Govinda realized that his friend had left him
V tem trenutku je Govinda spoznal, da ga je prijatelj zapustil
when he realized this he started to weep
ko je to spoznal je začel jokati
"Siddhartha!" he exclaimed lamentingly
"Sidharta!" je žalostno vzkliknil
Siddhartha kindly spoke to him
Siddhartha je prijazno govoril z njim
"don't forget, Govinda, who you are"
"ne pozabi, Govinda, kdo si"
"you are now one of the Samanas of the Buddha"
"zdaj si eden od saman Bude"
"You have renounced your home and your parents"
"Odrekli ste se domu in staršem"
"you have renounced your birth and possessions"
"odpovedal si se svojemu rojstvu in imetju"
"you have renounced your free will"
"odpovedal si se svobodni volji"
"you have renounced all friendship"
"odrekel si se vsakemu prijateljstvu"
"This is what the teachings require"
"To zahtevajo nauki"

"this is what the exalted one wants"
"to hoče vzvišeni"
"This is what you wanted for yourself"
"To si želel zase"
"Tomorrow, oh Govinda, I will leave you"
"Jutri, o Govinda, te bom zapustil"
For a long time, the friends continued walking in the garden
Prijatelji so se dolgo sprehajali po vrtu
for a long time, they lay there and found no sleep
dolgo so ležali tam in niso našli spanca
And over and over again, Govinda urged his friend
In vedno znova je Govinda priganjal svojega prijatelja
"why would you not want to seek refuge in Gotama's teachings?"
"zakaj ne bi hotel poiskati zatočišča v Gotaminih učenjih?"
"what fault could you find in these teachings?"
"kakšno napako bi našli v teh naukih?"
But Siddhartha turned away from his friend
Toda Siddhartha se je obrnil stran od svojega prijatelja
every time he said, "Be content, Govinda!"
vsakič, ko je rekel: "Bodi zadovoljen, Govinda!"
"Very good are the teachings of the exalted one"
"Zelo dobri so nauki vzvišenega"
"how could I find a fault in his teachings?"
"kako bi lahko našel napako v njegovih naukih?"

it was very early in the morning
bilo je zelo zgodaj zjutraj
one of the oldest monks went through the garden
eden najstarejših menihov je šel skozi vrt
he called to those who had taken their refuge in the teachings
klical je tiste, ki so se zatekli k naukom
he called them to dress them up in the yellow robe
poklical jih je, naj jih oblečejo v rumeno obleko

and he instruct them in the first teachings and duties of their position
in jih poučuje o prvih naukih in dolžnostih njihovega položaja
Govinda once again embraced his childhood friend
Govinda je ponovno objel prijatelja iz otroštva
and then he left with the novices
potem pa je odšel z novinci
But Siddhartha walked through the garden, lost in thought
Toda Siddhartha je hodil po vrtu, zatopljen v misli
Then he happened to meet Gotama, the exalted one
Potem je slučajno srečal Gotamo, vzvišenega
he greeted him with respect
ga je spoštljivo pozdravil
the Buddha's glance was full of kindness and calm
Budin pogled je bil poln prijaznosti in miru
the young man summoned his courage
mladenič je zbral pogum
he asked the venerable one for the permission to talk to him
prosil je častitljivega za dovoljenje, da se pogovori z njim
Silently, the exalted one nodded his approval
Vzvišeni je tiho pokimal v odobravanje
Spoke Siddhartha, "Yesterday, oh exalted one"
Govoril je Siddhartha: "Včeraj, o vzvišeni"
"I had been privileged to hear your wondrous teachings"
"Imel sem čast slišati tvoje čudovite nauke"
"Together with my friend, I had come from afar, to hear your teachings"
"Skupaj s prijateljem sem prišel od daleč, da bi slišal tvoje nauke."
"And now my friend is going to stay with your people"
"In zdaj bo moj prijatelj ostal pri vaših ljudeh"
"he has taken his refuge with you"
"pri tebi se je zatekel"
"But I will again start on my pilgrimage"
"Ampak spet bom začel svoje romanje"
"As you please," the venerable one spoke politely

»Kakor želite,« je vljudno spregovoril častiti
"Too bold is my speech," Siddhartha continued
"Preveč drzen je moj govor," je nadaljeval Siddhartha
"but I do not want to leave the exalted on this note"
"vendar ne želim zapustiti vzvišenega na tej noti"
"I want to share with the most venerable one my honest thoughts"
"Z najbolj častitljivim želim deliti svoje iskrene misli"
"Does it please the venerable one to listen for one moment longer?"
"Ali je všeč častitemu, da posluša še trenutek?"
Silently, the Buddha nodded his approval
Buda je tiho prikimal v odobravanje
Spoke Siddhartha, "oh most venerable one"
Govoril je Siddhartha, "o najbolj častitljivi"
"there is one thing I have admired in your teachings most of all"
"V vaših učenjih sem najbolj občudoval eno stvar"
"Everything in your teachings is perfectly clear"
"V vaših naukih je vse popolnoma jasno"
"what you speak of is proven"
"kar govoriš, je dokazano"
"you are presenting the world as a perfect chain"
"svet predstavljaš kot popolno verigo"
"a chain which is never and nowhere broken"
"veriga, ki ni nikoli in nikjer pretrgana"
"an eternal chain the links of which are causes and effects"
"večna veriga, katere členi so vzroki in posledice"
"Never before, has this been seen so clearly"
"Še nikoli prej se to ni videlo tako jasno"
"never before, has this been presented so irrefutably"
"še nikoli prej ni bilo to predstavljeno tako neizpodbitno"
"truly, the heart of every Brahman has to beat stronger with love"
"res, srce vsakega brahmana mora močneje utripati z ljubeznijo"

"he has seen the world through your perfectly connected teachings"
"Videl je svet skozi vaše popolnoma povezane nauke"
"without gaps, clear as a crystal"
"brez vrzeli, čist kot kristal"
"not depending on chance, not depending on Gods"
"ni odvisno od naključja, ni odvisno od bogov"
"he has to accept it whether it may be good or bad"
"to mora sprejeti, pa naj bo dobro ali slabo"
"he has to live by it whether it would be suffering or joy"
"s tem mora živeti, pa naj bo to trpljenje ali veselje"
"but I do not wish to discuss the uniformity of the world"
"vendar ne želim razpravljati o enovitosti sveta"
"it is possible that this is not essential"
"možno je, da to ni bistveno"
"everything which happens is connected"
"vse, kar se zgodi, je povezano"
"the great and the small things are all encompassed"
"velike in majhne stvari so vse zajete"
"they are connected by the same forces of time"
"povezujejo jih iste sile časa"
"they are connected by the same law of causes"
"povezuje jih isti zakon vzrokov"
"the causes of coming into being and of dying"
"vzroki za nastanek in umiranje"
"this is what shines brightly out of your exalted teachings"
"to je tisto, kar močno sije iz vaših vzvišenih naukov"
"But, according to your very own teachings, there is a small gap"
"Toda glede na vaše lastne nauke obstaja majhna vrzel"
"this unity and necessary sequence of all things is broken in one place"
"ta enotnost in nujno zaporedje vseh stvari je porušeno na enem mestu"
"this world of unity is invaded by something alien"
"v ta svet enotnosti vdre nekaj tujega"

"there is something new, which had not been there before"
"je nekaj novega, česar še ni bilo"
"there is something which cannot be demonstrated"
"obstaja nekaj, česar ni mogoče dokazati"
"there is something which cannot be proven"
"obstaja nekaj, kar se ne da dokazati"
"these are your teachings of overcoming the world"
"to so tvoji nauki o premagovanju sveta"
"these are your teachings of salvation"
"to so tvoji nauki odrešitve"
"But with this small gap, the eternal breaks apart again"
"Toda s to majhno vrzeljo se večno spet razbije"
"with this small breach, the law of the world becomes void"
"s to majhno kršitvijo zakon sveta postane neveljaven"
"Please forgive me for expressing this objection"
"Oprostite mi, ker sem izrazil ta ugovor"
Quietly, Gotama had listened to him, unmoved
Gotama ga je tiho poslušal, neomajen
Now he spoke, the perfected one, with his kind and polite clear voice
Zdaj je spregovoril, izpopolnjen, s svojim prijaznim in vljudnim jasnim glasom
"You've heard the teachings, oh son of a Brahman"
"Slišal si nauke, o sin Brahmana"
"and good for you that you've thought about it this deeply"
"in dobro zate, da si o tem tako globoko razmišljal"
"You've found a gap in my teachings, an error"
"Našel si vrzel v mojih naukih, napako"
"You should think about this further"
"O tem bi morali še razmisliti"
"But be warned, oh seeker of knowledge, of the thicket of opinions"
"A pozor, o iskalec znanja, na goščavo mnenj"
"be warned of arguing about words"
"opozoriti na prepir o besedah"
"There is nothing to opinions"

"Nič ni za mnenja"
"they may be beautiful or ugly"
"lahko so lepi ali grdi"
"opinions may be smart or foolish"
"mnenja so lahko pametna ali neumna"
"everyone can support opinions, or discard them"
"vsak lahko podpira mnenja ali pa jih zavrže"
"But the teachings, you've heard from me, are no opinion"
"Toda nauki, ki ste jih slišali od mene, niso mnenje"
"their goal is not to explain the world to those who seek knowledge"
"njihov cilj ni razložiti svet tistim, ki iščejo znanje"
"They have a different goal"
"Imajo drug cilj"
"their goal is salvation from suffering"
"njihov cilj je rešitev iz trpljenja"
"This is what Gotama teaches, nothing else"
"To uči Gotama, nič drugega"
"I wish that you, oh exalted one, would not be angry with me" said the young man
"Želim si, da se ti, o vzvišeni, ne bi jezil name," je rekel mladenič
"I have not spoken to you like this to argue with you"
"Nisem tako govoril s teboj, da bi se s tabo prepiral"
"I do not wish to argue about words"
"Ne želim se prepirati o besedah"
"You are truly right, there is little to opinions"
"Resnično imaš prav, malo je mnenj"
"But let me say one more thing"
"Ampak naj povem še nekaj"
"I have not doubted in you for a single moment"
"Vate nisem podvomil niti za trenutek"
"I have not doubted for a single moment that you are Buddha"
"Niti za trenutek nisem dvomil, da si Buda"
"I have not doubted that you have reached the highest goal"

"Nisem dvomil, da ste dosegli najvišji cilj"
"the highest goal towards which so many Brahmans are on their way"
"najvišji cilj, h kateremu je na poti toliko brahmanov"
"You have found salvation from death"
"Našel si rešitev pred smrtjo"
"It has come to you in the course of your own search"
"Prišlo je do vas med vašim lastnim iskanjem"
"it has come to you on your own path"
"prišlo je k tebi na tvoji poti"
"it has come to you through thoughts and meditation"
"do vas je prišlo skozi misli in meditacijo"
"it has come to you through realizations and enlightenment"
"do vas je prišlo skozi spoznanja in razsvetljenja"
"but it has not come to you by means of teachings!"
"vendar ni prišlo do vas s pomočjo naukov!"
"And this is my thought"
"In to je moja misel"
"nobody will obtain salvation by means of teachings!"
"nihče ne bo dobil odrešenja z nauki!"
"You will not be able to convey your hour of enlightenment"
"Ne boste mogli prenesti svoje ure razsvetljenja"
"words of what has happened to you won't convey the moment!"
"besede tega, kar se ti je zgodilo, ne bodo prenesle trenutka!"
"The teachings of the enlightened Buddha contain much"
"Nauki razsvetljenega Bude vsebujejo veliko"
"it teaches many to live righteously"
"mnoge nauči živeti pravično"
"it teaches many to avoid evil"
"mnoge uči izogibati se zlu"
"But there is one thing which these teachings do not contain"
"Vendar obstaja ena stvar, ki je ti nauki ne vsebujejo"
"they are clear and venerable, but the teachings miss something"
"so jasni in častitljivi, vendar nauki nekaj pogrešajo"

"the teachings do not contain the mystery"
"nauki ne vsebujejo skrivnosti"
"the mystery of what the exalted one has experienced for himself"
"skrivnost tega, kar je vzvišeni izkusil na sebi"
"among hundreds of thousands, only he experienced it"
"med sto tisoči je to doživel samo on"
"This is what I have thought and realized, when I heard the teachings"
"To sem mislil in spoznal, ko sem slišal nauke"
"This is why I am continuing my travels"
"Zato nadaljujem svoja potovanja"
"this is why I do not to seek other, better teachings"
"zato ne iščem drugih, boljših naukov"
"I know there are no better teachings"
"Vem, da ni boljših naukov"
"I leave to depart from all teachings and all teachers"
"Odhajam, da se oddaljim od vseh naukov in vseh učiteljev"
"I leave to reach my goal by myself, or to die"
"Odhajam, da bi sam dosegel svoj cilj, ali pa umrem"
"But often, I'll think of this day, oh exalted one"
"Vendar pogosto bom pomislil na ta dan, o vzvišeni"
"and I'll think of this hour, when my eyes beheld a holy man"
"in mislil bom na to uro, ko so moje oči zagledale svetega moža"
The Buddha's eyes quietly looked to the ground
Budove oči so tiho gledale v tla
quietly, in perfect equanimity, his inscrutable face was smiling
tiho, popolnoma mirno se je smehljal njegov nedoumljivi obraz
the venerable one spoke slowly
je počasi govoril častiti
"I wish that your thoughts shall not be in error"
"Želim si, da vaše misli ne bi bile zmotne"

"I wish that you shall reach the goal!"
"Želim si, da dosežeš cilj!"
"But there is something I ask you to tell me"
"Ampak nekaj te prosim, da mi poveš"
"Have you seen the multitude of my Samanas?"
"Si videl množico mojih saman?"
"they have taken refuge in the teachings"
"zatekli so se v nauke"
"do you believe it would be better for them to abandon the teachings?"
"ali verjamete, da bi bilo zanje bolje, če bi opustili nauke?"
"should they to return into the world of desires?"
"naj se vrnejo v svet želja?"
"Far is such a thought from my mind" exclaimed Siddhartha
"Daleč je taka misel iz mojega uma," je vzkliknil Siddhartha
"I wish that they shall all stay with the teachings"
"Želim si, da vsi ostanejo pri naukih"
"I wish that they shall reach their goal!"
"Želim si, da dosežejo svoj cilj!"
"It is not my place to judge another person's life"
"Ni moja stvar, da sodim o življenju druge osebe"
"I can only judge my own life "
"Lahko sodim samo o svojem življenju"
"I must decide, I must chose, I must refuse"
"Moram se odločiti, moram izbrati, moram zavrniti"
"Salvation from the self is what we Samanas search for"
"Rešitev pred samim seboj je tisto, kar mi Samane iščemo"
"oh exalted one, if only I were one of your disciples"
"oh vzvišeni, ko bi le bil eden od tvojih učencev"
"I'd fear that it might happen to me"
"Bojim se, da bi se to zgodilo meni"
"only seemingly, would my self be calm and be redeemed"
"samo na videz bi bil jaz miren in odrešen"
"but in truth it would live on and grow"
"v resnici pa bi živel in rasel"
"because then I would replace my self with the teachings"

"ker bi potem sebe zamenjal z nauki"
"my self would be my duty to follow you"
"moja dolžnost bi bila, da ti sledim"
"my self would be my love for you"
"jaz bi bil moja ljubezen do tebe"
"and my self would be the community of the monks!"
"in jaz bi bil skupnost menihov!"
With half of a smile Gotama looked into the stranger's eyes
S pol nasmehom je Gotama pogledal neznanca v oči
his eyes were unwaveringly open and kind
njegove oči so bile neomajno odprte in prijazne
he bid him to leave with a hardly noticeable gesture
mu je rekel, naj odide s komaj opazno kretnjo
"You are wise, oh Samana" the venerable one spoke
"Moder si, o Samana," je rekel častiti
"You know how to talk wisely, my friend"
"Znaš pametno govoriti, prijatelj"
"Be aware of too much wisdom!"
"Zavedajte se prevelike modrosti!"
The Buddha turned away
Buda se je obrnil stran
Siddhartha would never forget his glance
Siddhartha ne bi nikoli pozabil njegovega pogleda
his half smile remained forever etched in Siddhartha's memory
njegov polnasmeh je ostal za vedno vtisnjen v Siddhartin spomin
Siddhartha thought to himself
Siddhartha si je mislil
"I have never before seen a person glance and smile this way"
"Nikoli prej nisem videl osebe, ki bi tako gledala in se smehljala"
"no one else sits and walks like he does"
"nihče drug ne sedi in hodi kot on"
"truly, I wish to be able to glance and smile this way"

"res, želim si, da bi lahko pogledal in se nasmejal na ta način"
"I wish to be able to sit and walk this way, too"
"Tudi jaz si želim, da bi lahko tako sedel in hodil"
"liberated, venerable, concealed, open, childlike and mysterious"
"osvobojen, častitljiv, prikrit, odprt, otročji in skrivnosten"
"he must have succeeded in reaching the innermost part of his self"
"morda mu je uspelo doseči najglobji del sebe"
"only then can someone glance and walk this way"
"samo takrat lahko nekdo pogleda in hodi po tej poti"
"I will also seek to reach the innermost part of my self"
"Prav tako bom poskušal doseči najbolj notranji del sebe"
"I saw a man" Siddhartha thought
"Videl sem človeka," je pomislil Siddhartha
"a single man, before whom I would have to lower my glance"
"en sam moški, pred katerim bi morala spustiti pogled"
"I do not want to lower my glance before anyone else"
"Ne želim spustiti svojega pogleda pred nikomer drugim"
"No teachings will entice me more anymore"
"Noben nauk me ne bo več premamil"
"because this man's teachings have not enticed me"
"ker me nauki tega človeka niso premamili"
"I am deprived by the Buddha" thought Siddhartha
"Prikrajšan sem zaradi Bude," je pomislil Siddhartha
"I am deprived, although he has given so much"
"Prikrajšana sem, čeprav je dal toliko"
"he has deprived me of my friend"
"prikrajšal me je mojega prijatelja"
"my friend who had believed in me"
"moj prijatelj, ki je verjel vame"
"my friend who now believes in him"
"moj prijatelj, ki zdaj verjame vanj"
"my friend who had been my shadow"
"moj prijatelj, ki je bil moja senca"

"and now he is Gotama's shadow"
"in zdaj je Gotamina senca"
"but he has given me Siddhartha"
"toda dal mi je Siddharto"
"he has given me myself"
"dal mi je sebe"

Awakening
Prebujanje

Siddhartha left the mango grove behind him
Siddhartha je za seboj pustil nasad manga
but he felt his past life also stayed behind
vendar je čutil, da je tudi njegovo preteklo življenje ostalo za njim
the Buddha, the perfected one, stayed behind
Buda, izpopolnjeni, je ostal
and Govinda stayed behind too
in tudi Govinda je ostal
and his past life had parted from him
in njegovo prejšnje življenje se je ločilo od njega
he pondered as he was walking slowly
je razmišljal, medtem ko je počasi hodil
he pondered about this sensation, which filled him completely
razmišljal je o tem občutku, ki ga je popolnoma napolnil
He pondered deeply, like diving into a deep water
Globoko je razmišljal, kot bi se potopil v globoko vodo
he let himself sink down to the ground of the sensation
pustil se je pogrezniti na tla občutka
he let himself sink down to the place where the causes lie
pustil se je potopiti tja, kjer so vzroki
to identify the causes is the very essence of thinking
prepoznati vzroke je samo bistvo razmišljanja
this was how it seemed to him
tako se mu je zdelo
and by this alone, sensations turn into realizations
in samo s tem se občutki spremenijo v spoznanja
and these sensations are not lost
in ti občutki se ne izgubijo
but the sensations become entities
toda občutki postanejo entitete
and the sensations start to emit what is inside of them

in občutki začnejo oddajati tisto, kar je v njih
they show their truths like rays of light
kažejo svoje resnice kot žarke svetlobe
Slowly walking along, Siddhartha pondered
Siddhartha je počasi hodil in razmišljal
He realized that he was no youth any more
Spoznal je, da ni več mlad
he realized that he had turned into a man
spoznal je, da se je spremenil v moškega
He realized that something had left him
Spoznal je, da ga je nekaj zapustilo
the same way a snake is left by its old skin
tako kot kačo zapusti stara koža
what he had throughout his youth no longer existed in him
kar je imel vso mladost, ni več obstajalo v njem
it used to be a part of him; the wish to have teachers
nekoč je bil del njega; želja po učiteljih
the wish to listen to teachings
želja po poslušanju naukov
He had also left the last teacher who had appeared on his path
Zapustil je tudi zadnjega učitelja, ki se je pojavil na njegovi poti
he had even left the highest and wisest teacher
zapustil je celo najvišjega in najmodrejšega učitelja
he had left the most holy one, Buddha
zapustil je najsvetejšega, Budo
he had to part with him, unable to accept his teachings
moral se je ločiti od njega, ker ni mogel sprejeti njegovih naukov
Slower, he walked along in his thoughts
Počasneje je hodil naprej v svojih mislih
and he asked himself, "But what is this?"
in vprašal se je: "Kaj pa je to?"
"what have you sought to learn from teachings and from teachers?"

"česa ste se želeli naučiti iz naukov in od učiteljev?"
"and what were they, who have taught you so much?"
"in kaj so bili oni, ki so te toliko naučili?"
"what are they if they have been unable to teach you?"
"kaj so, če te niso mogli naučiti?"
And he found, "It was the self"
In ugotovil je, "To je bil jaz"
"it was the purpose and essence of which I sought to learn"
"to je bil namen in bistvo, ki sem se ga želel naučiti"
"It was the self I wanted to free myself from"
"To je bil jaz, ki sem se ga želel osvoboditi"
"the self which I sought to overcome"
"jaz, ki sem ga skušal premagati"
"But I was not able to overcome it"
"Ampak tega nisem mogel premagati"
"I could only deceive it"
"Lahko bi samo zavajal"
"I could only flee from it"
"Samo pobegnil bi lahko od tega"
"I could only hide from it"
"Samo pred tem sem se lahko skrila"
"Truly, no thing in this world has kept my thoughts so busy"
"Res, nobena stvar na tem svetu ni tako zaposlila mojih misli"
"I have been kept busy by the mystery of me being alive"
"Zaposlen sem bil zaradi skrivnosti, da sem živ"
"the mystery of me being one"
"skrivnost tega, da sem eno"
"the mystery if being separated and isolated from all others"
"skrivnost, če si ločen in izoliran od vseh drugih"
"the mystery of me being Siddhartha!"
"skrivnost tega, da sem jaz Siddhartha!"
"And there is no thing in this world I know less about"
"In ni stvari na tem svetu, o kateri bi vedel manj"
he had been pondering while slowly walking along
je premišljeval med počasno hojo
he stopped as these thoughts caught hold of him

je obstal, ko so se ga lotile te misli
and right away another thought sprang forth from these thoughts
in takoj je iz teh misli privrela druga misel
"there's one reason why I know nothing about myself"
"obstaja en razlog, zakaj ne vem ničesar o sebi"
"there's one reason why Siddhartha has remained alien to me"
"obstaja en razlog, zakaj mi je Siddhartha ostal tuj"
"all of this stems from one cause"
"vse to izhaja iz enega vzroka"
"I was afraid of myself, and I was fleeing"
"Bala sem se samega sebe in bežala sem"
"I have searched for both Atman and Brahman"
"Iskal sem Atmana in Brahmana"
"for this I was willing to dissect my self"
"za to sem bil pripravljen secirati samega sebe"
"and I was willing to peel off all of its layers"
"in bil sem pripravljen oluščiti vse njegove plasti"
"I wanted to find the core of all peels in its unknown interior"
"Želel sem najti jedro vseh olupkov v njegovi neznani notranjosti"
"the Atman, life, the divine part, the ultimate part"
"atman, življenje, božanski del, končni del"
"But I have lost myself in the process"
"Ampak med tem sem se izgubil"
Siddhartha opened his eyes and looked around
Siddhartha je odprl oči in se ozrl naokoli
looking around, a smile filled his face
ko se je ozrl naokoli, mu je obraz napolnil nasmeh
a feeling of awakening from long dreams flowed through him
preplavil ga je občutek prebujenja iz dolgih sanj
the feeling flowed from his head down to his toes
občutek je tekel od njegove glave do prstov na nogah

And it was not long before he walked again
In ni minilo dolgo, ko je spet shodil
he walked quickly, like a man who knows what he has got to do
hodil je hitro, kakor človek, ki ve, kaj mu je storiti
"now I will not let Siddhartha escape from me again!"
"zdaj ne bom dovolil, da mi Siddharta spet pobegne!"
"I no longer want to begin my thoughts and my life with Atman"
"Nočem več začeti svojih misli in svojega življenja z Atmanom"
"nor do I want to begin my thoughts with the suffering of the world"
"niti nočem začeti svojih misli s trpljenjem sveta"
"I do not want to kill and dissect myself any longer"
"Nočem se več ubijati in secirati"
"Yoga-Veda shall not teach me anymore"
"Joga-veda me ne bo več učila"
"nor Atharva-Veda, nor the ascetics"
"niti Atharva-Veda, niti asketi"
"there will not be any kind of teachings"
"nikakršnih naukov ne bo"
"I want to learn from myself and be my student"
"Želim se učiti od sebe in biti moj učenec"
"I want to get to know myself; the secret of Siddhartha"
"Želim spoznati samega sebe; skrivnost Siddharte"

He looked around, as if he was seeing the world for the first time
Ozrl se je naokoli, kot bi prvič videl svet
Beautiful and colourful was the world
Lep in barvit je bil svet
strange and mysterious was the world
čuden in skrivnosten je bil svet
Here was blue, there was yellow, here was green
Tukaj je bila modra, tam je bila rumena, tukaj je bila zelena

the sky and the river flowed
nebo in reka sta tekla
the forest and the mountains were rigid
gozd in gore so bile toge
all of the world was beautiful
ves svet je bil lep
all of it was mysterious and magical
vse je bilo skrivnostno in čarobno
and in its midst was he, Siddhartha, the awakening one
in sredi nje je bil on, Siddhartha, tisti, ki se prebuja
and he was on the path to himself
in bil je na poti k sebi
all this yellow and blue and river and forest entered Siddhartha
vsa ta rumena in modra in reka in gozd so vstopili v Siddharto
for the first time it entered through the eyes
prvič je vstopil skozi oči
it was no longer a spell of Mara
to ni bil več urok Mare
it was no longer the veil of Maya
to ni bila več Majina tančica
it was no longer a pointless and coincidental
ni bilo več nesmiselno in naključno
things were not just a diversity of mere appearances
stvari niso bile le raznolikost zgolj videzov
appearances despicable to the deeply thinking Brahman
videz, vreden prezira za globoko mislečega Brahmana
the thinking Brahman scorns diversity, and seeks unity
misleči Brahman prezira raznolikost in išče enotnost
Blue was blue and river was river
Modra je bila modra in reka je bila reka
the singular and divine lived hidden in Siddhartha
edinstveno in božansko je živelo skrito v Siddharti
divinity's way and purpose was to be yellow here, and blue there

način in namen božanskosti je bil, da je tu rumena, tam pa modra
there sky, there forest, and here Siddhartha
tam nebo, tam gozd in tukaj Siddhartha
The purpose and essential properties was not somewhere behind the things
Namen in bistvene lastnosti niso bile nekje za stvarmi
the purpose and essential properties was inside of everything
namen in bistvene lastnosti so bile znotraj vsega
"How deaf and stupid have I been!" he thought
"Kako gluh in neumen sem bil!" je pomislil
and he walked swiftly along
in hitro je hodil naprej
"When someone reads a text he will not scorn the symbols and letters"
"Ko nekdo bere besedilo, ne bo preziral simbolov in črk"
"he will not call the symbols deceptions or coincidences"
"simbolov ne bo imenoval prevare ali naključja"
"but he will read them as they were written"
"vendar jih bo prebral, kot so napisane"
"he will study and love them, letter by letter"
"preučeval in ljubil jih bo, črko za črko"
"I wanted to read the book of the world and scorned the letters"
"Želel sem brati knjigo sveta in preziral črke"
"I wanted to read the book of myself and scorned the symbols"
"Želel sem brati knjigo o sebi in preziral simbole"
"I called my eyes and my tongue coincidental"
"Svoje oči in jezik sem poimenoval naključno"
"I said they were worthless forms without substance"
"Rekel sem, da so ničvredne oblike brez vsebine"
"No, this is over, I have awakened"
"Ne, tega je konec, zbudil sem se"
"I have indeed awakened"

"Res sem se zbudil"
"I had not been born before this very day"
"Pred tem dnem se še nisem rodil"
In thinking these thoughts, Siddhartha suddenly stopped once again
V teh mislih se je Siddhartha nenadoma spet ustavil
he stopped as if there was a snake lying in front of him
obstal je, kakor bi ležala kača pred njim
suddenly, he had also become aware of something else
nenadoma se je zavedel še nečesa
He was indeed like someone who had just woken up
Res je bil kot nekdo, ki se je pravkar prebudil
he was like a new-born baby starting life anew
bil je kot novorojenček, ki začenja življenje na novo
and he had to start again at the very beginning
in moral je začeti znova na samem začetku
in the morning he had had very different intentions
zjutraj je imel zelo drugačne namene
he had thought to return to his home and his father
mislil se je vrniti k svojemu domu in k očetu
But now he stopped as if a snake was lying on his path
Zdaj pa je obstal, kakor da bi mu kača ležala na poti
he made a realization of where he was
spoznal je, kje je
"I am no longer the one I was"
"Nisem več tisti, ki sem bil"
"I am no ascetic anymore"
"Nisem več asket"
"I am not a priest anymore"
"Nisem več duhovnik"
"I am no Brahman anymore"
"Nisem več Brahman"
"Whatever should I do at my father's place?"
"Kaj naj počnem pri očetu?"
"Study? Make offerings? Practise meditation?"
"Študirati? Darovati? Vaditi meditacijo?"

"But all this is over for me"
"Ampak vsega tega je zame konec"
"all of this is no longer on my path"
"vse to ni več na moji poti"
Motionless, Siddhartha remained standing there
Siddhartha je nepremično ostal tam
and for the time of one moment and breath, his heart felt cold
in za čas enega trenutka in diha je bilo njegovo srce hladno
he felt a coldness in his chest
začutil je mraz v prsih
the same feeling a small animal feels when it sees how alone it is
enak občutek, ki ga čuti majhna žival, ko vidi, kako sama je
For many years, he had been without home and had felt nothing
Dolga leta je bil brez doma in ni čutil ničesar
Now, he felt he had been without a home
Zdaj je čutil, da je ostal brez doma
Still, even in the deepest meditation, he had been his father's son
Kljub temu je bil celo v najglobji meditaciji očetov sin
he had been a Brahman, of a high caste
bil je Brahman, iz visoke kaste
he had been a cleric
je bil klerik
Now, he was nothing but Siddhartha, the awoken one
Zdaj ni bil nič drugega kot Siddhartha, prebujeni
nothing else was left of him
nič drugega mu ni ostalo
Deeply, he inhaled and felt cold
Globoko je vdihnil in začutil je mraz
a shiver ran through his body
po telesu mu je šel drget
Nobody was as alone as he was
Nihče ni bil tako sam kot on

There was no nobleman who did not belong to the noblemen
Ni ga bilo plemiča, ki ne bi pripadal plemičem
there was no worker that did not belong to the workers
ni bilo delavca, ki ne bi pripadal delavcem
they had all found refuge among themselves
vsi so našli zatočišče med sabo
they shared their lives and spoke their languages
delila sta si življenja in govorila svoje jezike
there are no Brahman who would not be regarded as Brahmans
ni brahmanov, ki ne bi veljali za brahmane
and there are no Brahmans that didn't live as Brahmans
in ni brahmanov, ki ne bi živeli kot brahmani
there are no ascetic who could not find refuge with the Samanas
ni asketa, ki ne bi našel zatočišča pri Samanah
and even the most forlorn hermit in the forest was not alone
in tudi najbolj zapuščeni puščavnik v gozdu ni bil sam
he was also surrounded by a place he belonged to
obdajal ga je tudi kraj, ki mu je pripadal
he also belonged to a caste in which he was at home
pripadal je tudi kasti, v kateri je bil doma
Govinda had left him and became a monk
Govinda ga je zapustil in postal menih
and a thousand monks were his brothers
in tisoč menihov je bilo njegovih bratov
they wore the same robe as him
nosili so enako obleko kot on
they believed in his faith and spoke his language
verjeli so v njegovo vero in govorili njegov jezik
But he, Siddhartha, where did he belong to?
Toda on, Siddhartha, kam je spadal?
With whom would he share his life?
S kom bi delil svoje življenje?
Whose language would he speak?

Čigav jezik bi govoril?
the world melted away all around him
svet se je stopil povsod okoli njega
he stood alone like a star in the sky
stal je sam kot zvezda na nebu
cold and despair surrounded him
obdajala sta ga mraz in obup
but Siddhartha emerged out of this moment
toda Siddhartha se je pojavil iz tega trenutka
Siddhartha emerged more his true self than before
Siddhartha je postal bolj pravi jaz kot prej
he was more firmly concentrated than he had ever been
bil je bolj skoncentriran kot kdaj koli prej
He felt; "this had been the last tremor of the awakening"
Čutil je; "to je bil zadnji tresljaj prebujanja"
"the last struggle of this birth"
"zadnji boj tega rojstva"
And it was not long until he walked again in long strides
In ni minilo dolgo, ko je spet hodil z dolgimi koraki
he started to proceed swiftly and impatiently
je začel hitro in nestrpno nadaljevati
he was no longer going home
ni šel več domov
he was no longer going to his father
k očetu ni več hodil

Part Two
Drugi del

***

Kamala

Siddhartha learned something new on every step of his path
Siddhartha se je na vsakem koraku svoje poti naučil nekaj novega
because the world was transformed and his heart was enchanted
ker se je svet spremenil in njegovo srce je bilo očarano
He saw the sun rising over the mountains
Videl je sonce, kako vzhaja nad gorami
and he saw the sun setting over the distant beach
in videl je sonce, ki je zahajalo nad oddaljeno obalo
At night, he saw the stars in the sky in their fixed positions
Ponoči je videl zvezde na nebu v njihovih stalnih položajih
and he saw the crescent of the moon floating like a boat in the blue
in zagledal je lunin srp, ki je kot čoln plaval v modrini
He saw trees, stars, animals, and clouds
Videl je drevesa, zvezde, živali in oblake
rainbows, rocks, herbs, flowers, streams and rivers
mavrice, skale, zelišča, rože, potoki in reke
he saw the glistening dew in the bushes in the morning
videl je zjutraj lesketajočo se roso v grmovju
he saw distant high mountains which were blue
videl je oddaljene visoke gore, ki so bile modre
wind blew through the rice-field
veter je pihal skozi riževo polje
all of this, a thousand-fold and colourful, had always been there
vse to, tisočkratno in pisano, je bilo vedno tam
the sun and the moon had always shone

sonce in luna sta vedno sijala
rivers had always roared and bees had always buzzed
reke so vedno bučale in čebele so vedno brenčale
but in former times all of this had been a deceptive veil
toda v prejšnjih časih je bilo vse to varljiva tančica
to him it had been nothing more than fleeting
zanj ni bilo nič več kot minljivo
it was supposed to be looked upon in distrust
na to naj bi gledali nezaupljivo
it was destined to be penetrated and destroyed by thought
usojeno je bilo, da ga misel prodre in uniči
since it was not the essence of existence
saj ni bilo bistvo obstoja
since this essence lay beyond, on the other side of, the visible
saj je to bistvo ležalo onkraj, na drugi strani vidnega
But now, his liberated eyes stayed on this side
Toda zdaj so njegove osvobojene oči ostale na tej strani
he saw and became aware of the visible
videl in ozavestil je vidno
he sought to be at home in this world
skušal je biti doma na tem svetu
he did not search for the true essence
ni iskal pravega bistva
he did not aim at a world beyond
ni ciljal na svet onkraj
this world was beautiful enough for him
ta svet je bil dovolj lep zanj
looking at it like this made everything childlike
če gledaš takole, je vse postalo otročje
Beautiful were the moon and the stars
Lepe so bile luna in zvezde
beautiful was the stream and the banks
lep je bil potok in bregovi
the forest and the rocks, the goat and the gold-beetle
gozd in skale, koza in zlati hrošč

the flower and the butterfly; beautiful and lovely it was
roža in metulj; lepo in ljubko je bilo
to walk through the world was childlike again
hoditi po svetu je bilo spet otročje
this way he was awoken
na ta način so ga prebudili
this way he was open to what is near
na ta način je bil odprt za to, kar je blizu
this way he was without distrust
tako je bil brez nezaupanja
differently the sun burnt the head
drugače je sonce opeklo glavo
differently the shade of the forest cooled him down
drugače ga je hladila gozdna senca
differently the pumpkin and the banana tasted
drugačen okus sta imela buča in banana
Short were the days, short were the nights
Kratki so bili dnevi, kratke so bile noči
every hour sped swiftly away like a sail on the sea
vsaka ura je hitro odhitela kot jadro na morju
and under the sail was a ship full of treasures, full of joy
in pod jadrom je bila ladja, polna zakladov, polna veselja
Siddhartha saw a group of apes moving through the high canopy
Siddhartha je videl skupino opic, ki so se premikale skozi visoke krošnje
they were high in the branches of the trees
bili so visoko v vejah dreves
and he heard their savage, greedy song
in slišal je njihovo divjo, požrešno pesem
Siddhartha saw a male sheep following a female one and mating with her
Siddhartha je videl ovco, ki je sledila samici in se parila z njo
In a lake of reeds, he saw the pike hungrily hunting for its dinner

V jezeru s trstičjem je videl ščuko, ki je lačno lovila svojo večerjo
young fish were propelling themselves away from the pike
mlade ribe so se odganjale od ščuke
they were scared, wiggling and sparkling
bili so prestrašeni, migajoči in iskrivi
the young fish jumped in droves out of the water
mlade ribe so skočile v jato iz vode
the scent of strength and passion came forcefully out of the water
vonj po moči in strasti je silovito prihajal iz vode
and the pike stirred up the scent
in ščuka je razburkala vonj
All of this had always existed
Vse to je vedno obstajalo
and he had not seen it, nor had he been with it
in tega ni videl, niti ni bil z njim
Now he was with it and he was part of it
Zdaj je bil s tem in je bil del tega
Light and shadow ran through his eyes
Skozi oči so mu tekle svetlobe in sence
stars and moon ran through his heart
zvezde in luna so mu tekle skozi srce

Siddhartha remembered everything he had experienced in the Garden Jetavana
Siddhartha se je spomnil vsega, kar je doživel v vrtu Jetavana
he remembered the teaching he had heard there from the divine Buddha
spomnil se je nauka, ki ga je tam slišal od božanskega Bude
he remembered the farewell from Govinda
spomnil se je slovesa od Govinde
he remembered the conversation with the exalted one
se je spomnil pogovora s prevzvišenim
Again he remembered his own words that he had spoken to the exalted one

Spet se je spomnil lastnih besed, ki jih je govoril z vzvišenim
he remembered every word
zapomnil si je vsako besedo
he realized he had said things which he had not really known
spoznal je, da je povedal stvari, ki jih v resnici ni vedel
he astonished himself with what he had said to Gotama
samega sebe je presenetil s tem, kar je rekel Gotami
the Buddha's treasure and secret was not the teachings
Budov zaklad in skrivnost niso bili nauki
but the secret was the inexpressible and not teachable
toda skrivnost je bila neizrekljiva in neučljiva
the secret which he had experienced in the hour of his enlightenment
skrivnost, ki jo je izkusil v uri svojega razsvetljenja
the secret was nothing but this very thing which he had now gone to experience
skrivnost ni bila nič drugega kot prav ta stvar, ki jo je zdaj šel izkusiti
the secret was what he now began to experience
skrivnost je bila to, kar je zdaj začel doživljati
Now he had to experience his self
Zdaj je moral izkusiti samega sebe
he had already known for a long time that his self was Atman
že dolgo je vedel, da je njegov jaz Atman
he knew Atman bore the same eternal characteristics as Brahman
vedel je, da ima Atman enake večne značilnosti kot Brahman
But he had never really found this self
Toda nikoli ni zares našel tega sebe
because he had wanted to capture the self in the net of thought
ker se je hotel ujeti v mrežo misli
but the body was not part of the self
vendar telo ni bilo del jaza

it was not the spectacle of the senses
to ni bil spektakel čutov
so it also was not the thought, nor the rational mind
tako tudi ni bila misel, niti racionalni um
it was not the learned wisdom, nor the learned ability
to ni bila naučena modrost niti naučena sposobnost
from these things no conclusions could be drawn
iz teh stvari ni bilo mogoče potegniti zaključkov
No, the world of thought was also still on this side
Ne, tudi svet misli je bil še vedno na tej strani
Both, the thoughts as well as the senses, were pretty things
Oboje, tako misli kot čutila, sta bili lepi stvari
but the ultimate meaning was hidden behind both of them
a končni pomen je bil skrit za obema
both had to be listened to and played with
oboje je bilo treba poslušati in igrati
neither had to be scorned nor overestimated
niti ga ni bilo treba zaničevati niti precenjevati
there were secret voices of the innermost truth
slišali so se skrivni glasovi najgloblje resnice
these voices had to be attentively perceived
te glasove je bilo treba pozorno zaznati
He wanted to strive for nothing else
Za nič drugega si ni želel prizadevati
he would do what the voice commanded him to do
naredil bi, kar mu je naročil glas
he would dwell where the voices advised him to
bival bi tam, kjer so mu svetovali glasovi
Why had Gotama sat down under the Bodhi tree?
Zakaj se je Gotama usedel pod drevo Bodhi?
He had heard a voice in his own heart
Slišal je glas v svojem srcu
a voice which had commanded him to seek rest under this tree
glas, ki mu je ukazal, naj poišče počitek pod tem drevesom
he could have gone on to make offerings

lahko bi dal daritve
he could have performed his ablutions
lahko je opravil svoje umivanje
he could have spent that moment in prayer
ta trenutek bi lahko preživel v molitvi
he had chosen not to eat or drink
odločil se je, da ne bo jedel ali pil
he had chosen not to sleep or dream
odločil se je, da ne bo spal ali sanjal
instead, he had obeyed the voice
namesto tega je ubogal glas
To obey like this was good
Takole ubogati je bilo dobro
it was good not to obey to an external command
dobro je bilo ne ubogati zunanjega ukaza
it was good to obey only the voice
dobro je bilo ubogati le glas
to be ready like this was good and necessary
biti tako pripravljen je bilo dobro in potrebno
there was nothing else that was necessary
nič drugega ni bilo potrebno

in the night Siddhartha got to a river
ponoči je Siddhartha prišel do reke
he slept in the straw hut of a ferryman
spal je v slamnati hiški brodarja
this night Siddhartha had a dream
to noč je imel Siddhartha sanje
Govinda was standing in front of him
Govinda je stal pred njim
he was dressed in the yellow robe of an ascetic
oblečen je bil v rumeno obleko asketa
Sad was how Govinda looked
Govinda je bil žalosten
sadly he asked, "Why have you forsaken me?"
žalostno je vprašal: "Zakaj si me zapustil?"

Siddhartha embraced Govinda, and wrapped his arms around him
Siddhartha je objel Govindo in ga objel
he pulled him close to his chest and kissed him
pritegnil ga je k svojim prsim in ga poljubil
but it was not Govinda anymore, but a woman
vendar to ni bil več Govinda, ampak ženska
a full breast popped out of the woman's dress
polna dojka je štrlela iz ženske obleke
Siddhartha lay and drank from the breast
Siddhartha je ležal in pil iz prsi
sweetly and strongly tasted the milk from this breast
sladko in močno okusila mleko iz te dojke
It tasted of woman and man
Imelo je okus po ženski in moškem
it tasted of sun and forest
okusilo je po soncu in gozdu
it tasted of animal and flower
okusil je po živalih in rožah
it tasted of every fruit and every joyful desire
okusil je vsak sad in vsako veselo željo
It intoxicated him and rendered him unconscious
To ga je opijalo in onesvestilo
Siddhartha woke up from the dream
Siddhartha se je zbudil iz sanj
the pale river shimmered through the door of the hut
bleda reka je lesketala skozi vrata koče
a dark call of an owl resounded deeply through the forest
globoko po gozdu je odmeval temen klic sove
Siddhartha asked the ferryman to get him across the river
Siddhartha je prosil brodarja, naj ga prepelje čez reko
The ferryman got him across the river on his bamboo-raft
Brodar ga je prepeljal čez reko na svojem bambusovem splavu
the water shimmered reddish in the light of the morning
voda se je rdečkasto lesketala v jutranji svetlobi
"This is a beautiful river," he said to his companion

»To je čudovita reka,« je rekel svojemu spremljevalcu
"Yes," said the ferryman, "a very beautiful river"
"Ja," je rekel brodar, "zelo lepa reka"
"I love it more than anything"
"Ljubim ga bolj kot karkoli"
"Often I have listened to it"
"Pogosto sem to poslušal"
"often I have looked into its eyes"
"pogosto sem ga pogledal v oči"
"and I have always learned from it"
"in vedno sem se učil iz tega"
"Much can be learned from a river"
"Od reke se lahko veliko naučimo"
"I thank you, my benefactor" spoke Siddhartha
"Zahvaljujem se ti, moj dobrotnik," je rekel Siddhartha
he disembarked on the other side of the river
izkrcal se je na drugi strani reke
"I have no gift I could give you for your hospitality, my dear"
"Nimam darila, ki bi ti ga lahko dal za tvojo gostoljubnost, draga."
"and I also have no payment for your work"
"in tudi jaz nimam plačila za tvoje delo"
"I am a man without a home"
"Sem človek brez doma"
"I am the son of a Brahman and a Samana"
"Sem sin Brahmana in Samane"
"I did see it," spoke the ferryman
"Videl sem," je rekel brodar
"I did not expect any payment from you"
"Od vas nisem pričakoval nobenega plačila"
"it is custom for guests to bear a gift"
"običaj je, da gostje nosijo darilo"
"but I did not expect this from you either"
"tega pa tudi nisem pričakoval od tebe"
"You will give me the gift another time"

"Darilo mi boš dal drugič"
"Do you think so?" asked Siddhartha, bemusedly
"Se vam zdi?" je začudeno vprašal Siddhartha
"I am sure of it," replied the ferryman
"Prepričan sem o tem," je odgovoril brodar
"This too, I have learned from the river"
"Tudi tega sem se naučil od reke"
"everything that goes comes back!"
"vse, kar gre, se vrne!"
"You too, Samana, will come back"
"Tudi ti, Samana, se boš vrnil"
"Now farewell! Let your friendship be my reward"
"Zdaj pa zbogom! Naj bo tvoje prijateljstvo moja nagrada"
"Commemorate me, when you make offerings to the gods"
"Spominjaj se me, ko bogovom daruješ"
Smiling, they parted from each other
Nasmejana sta se ločila drug od drugega
Smiling, Siddhartha was happy about the friendship
Nasmejan Siddhartha je bil vesel prijateljstva
and he was happy about the kindness of the ferryman
in vesel je bil prijaznosti brodarja
"He is like Govinda," he thought with a smile
"Je kot Govinda," je pomislil z nasmehom
"all I meet on my path are like Govinda"
"Vsi, ki jih srečam na svoji poti, so kot Govinda"
"All are thankful for what they have"
"Vsi so hvaležni za to, kar imajo"
"but they are the ones who would have a right to receive thanks"
"toda oni so tisti, ki bi imeli pravico prejeti zahvalo"
"all are submissive and would like to be friends"
"vsi so podrejeni in radi bi bili prijatelji"
"all like to obey and think little"
"vsi radi ubogajo in malo razmišljajo"
"all people are like children"
"vsi ljudje smo kot otroci"

At about noon, he came through a village
Okoli poldneva je prišel skozi vas
In front of the mud cottages, children were rolling about in the street
Pred bajtami iz blata so se po ulici valjali otroci
they were playing with pumpkin-seeds and sea-shells
igrali so se z bučnimi semeni in školjkami
they screamed and wrestled with each other
so kričali in se borili drug z drugim
but they all timidly fled from the unknown Samana
vsi pa so plaho bežali pred neznano Samano
In the end of the village, the path led through a stream
Na koncu vasi je pot vodila skozi potok
by the side of the stream, a young woman was kneeling
ob potoku je klečala mlada ženska
she was washing clothes in the stream
v potoku je prala perilo
When Siddhartha greeted her, she lifted her head
Ko jo je Siddhartha pozdravil, je dvignila glavo
and she looked up to him with a smile
in z nasmehom ga je pogledala
he could see the white in her eyes glistening
videl je, kako se blešči belina v njenih očeh
He called out a blessing to her
Zaklical ji je blagoslov
this was the custom among travellers
to je bila navada med popotniki
and he asked how far it was to the large city
in vprašal je, kako daleč je do velikega mesta
Then she got up and came to him
Nato je vstala in prišla do njega
beautifully her wet mouth was shimmering in her young face
lepo so se ji lesketala mokra usta v mladem obrazu
She exchanged humorous banter with him

Z njim si je izmenjevala šaljive šale
she asked whether he had eaten already
vprašala je, ali je že jedel
and she asked curious questions
in postavljala radovedna vprašanja
"is it true that the Samanas slept alone in the forest at night?"
"je res, da sta Samana ponoči spala sama v gozdu?"
"is it true Samanas are not allowed to have women with them"
"ali je res, da Samane ne smejo imeti žensk ob sebi"
While talking, she put her left foot on his right one
Med pogovorom je položila levo nogo na njegovo desno
the movement of a woman who would want to initiate sexual pleasure
gibanje ženske, ki bi želela sprožiti spolni užitek
the textbooks call this "climbing a tree"
učbeniki temu pravijo "plezanje na drevo"
Siddhartha felt his blood heating up
Siddhartha je začutil, kako se mu segreva kri
he had to think of his dream again
moral je spet pomisliti na svoje sanje
he bend slightly down to the woman
rahlo se skloni k ženi
and he kissed with his lips the brown nipple of her breast
in z ustnicami je poljubil rjavo bradavico njene dojke
Looking up, he saw her face smiling
Ko je pogledal navzgor, je videl njen obraz nasmejan
and her eyes were full of lust
in njene oči so bile polne poželenja
Siddhartha also felt desire for her
Tudi Siddhartha je čutil željo po njej
he felt the source of his sexuality moving
čutil je, da se premika izvor njegove spolnosti
but he had never touched a woman before
vendar se še nikoli ni dotaknil ženske
so he hesitated for a moment

zato je za trenutek okleval
his hands were already prepared to reach out for her
njegove roke so bile že pripravljene seči po njej
but then he heard the voice of his innermost self
potem pa je zaslišal glas svojega najbolj notranjega jaza
he shuddered with awe at his voice
se je stresel od strahospoštovanja ob njegovem glasu
and this voice told him no
in ta glas mu je rekel ne
all charms disappeared from the young woman's smiling face
vsi čari so izginili s nasmejanega obraza mladenke
he no longer saw anything else but a damp glance
drugega ni videl več kakor vlažen pogled
all he could see was female animal in heat
videl je le samico v vročini
Politely, he petted her cheek
Vljudno jo je pobožal po licu
he turned away from her and disappeared away
obrnil se je stran od nje in izginil
he left from the disappointed woman with light steps
lahkih korakov je odšel od razočarane ženske
and he disappeared into the bamboo-wood
in izginil je v bambusov gozd

he reached the large city before the evening
prišel je do velikega mesta pred večerom
and he was happy to have reached the city
in bil je vesel, da je prišel v mesto
because he felt the need to be among people
ker je čutil potrebo po biti med ljudmi
or a long time, he had lived in the forests
ali dolgo časa je živel v gozdovih
for first time in a long time he slept under a roof
prvič po dolgem času je spal pod streho
Before the city was a beautifully fenced garden

Pred mestom je bil lepo ograjen vrt
the traveller came across a small group of servants
popotnik je naletel na majhno skupino služabnikov
the servants were carrying baskets of fruit
služabniki so nosili košare sadja
four servants were carrying an ornamental sedan-chair
štirje služabniki so nosili okrasni sedan-stol
on this chair sat a woman, the mistress
na tem stolu je sedela ženska, gospodarica
she was on red pillows under a colourful canopy
bila je na rdečih blazinah pod pisanim baldahinom
Siddhartha stopped at the entrance to the pleasure-garden
Siddhartha se je ustavil pri vhodu v vrt užitka
and he watched the parade go by
in opazoval je parado
he saw saw the servants and the maids
videl je videl služabnike in služkinje
he saw the baskets and the sedan-chair
videl je košare in limuzinski stol
and he saw the lady on the chair
in je zagledal gospo na stolu
Under her black hair he saw a very delicate face
Pod njenimi črnimi lasmi je videl zelo nežen obraz
a bright red mouth, like a freshly cracked fig
živo rdeča usta, kot sveže lomljena figa
eyebrows which were well tended and painted in a high arch
obrvi, ki so bile negovane in pobarvane v visok lok
they were smart and watchful dark eyes
bile so pametne in pozorne temne oči
a clear, tall neck rose from a green and golden garment
jasen, visok vrat se je dvigal iz zelenega in zlatega oblačila
her hands were resting, long and thin
njene roke so počivale, dolge in tanke
she had wide golden bracelets over her wrists
čez zapestja je imela široke zlate zapestnice

Siddhartha saw how beautiful she was, and his heart rejoiced
Siddhartha je videl, kako lepa je, in njegovo srce se je razveselilo
He bowed deeply, when the sedan-chair came closer
Globoko se je priklonil, ko se je limuzina približala
straightening up again, he looked at the fair, charming face
zopet se je vzravnal, pogledal je v lep, prikupen obraz
he read her smart eyes with the high arcs
bral je njene pametne oči z visokimi loki
he breathed in a fragrance of something he did not know
vdihnil je vonj po nečem, česar ni poznal
With a smile, the beautiful woman nodded for a moment
Z nasmehom je lepa ženska za trenutek prikimala
then she disappeared into the garden
nato je izginila na vrt
and then the servants disappeared as well
potem pa so tudi služabniki izginili
"I am entering this city with a charming omen" Siddhartha thought
"Vstopam v to mesto z očarljivim znamenjem," je pomislil Siddhartha
He instantly felt drawn into the garden
Takoj se je začutil, da ga vleče na vrt
but he thought about his situation
vendar je razmišljal o svoji situaciji
he became aware of how the servants and maids had looked at him
zavedel se je, kako so ga gledali hlapci in služkinje
they thought him despicable, distrustful, and rejected him
mislili so, da je vreden prezira, nezaupljivega in so ga zavračali
"I am still a Samana" he thought
"Še vedno sem Samana," je pomislil
"I am still an ascetic and beggar"
"Še vedno sem asket in berač"

"I must not remain like this"
"Ne smem ostati tak"
"I will not be able to enter the garden like this," he laughed
»Tale ne bom mogel na vrt,« se je zasmejal
he asked the next person who came along the path about the garden
je naslednjega, ki je prišel ob poti, vprašal o vrtu
and he asked for the name of the woman
in vprašal je za ime ženske
he was told that this was the garden of Kamala, the famous courtesan
povedali so mu, da je to vrt Kamale, slavne kurtizane
and he was told that she also owned a house in the city
in povedali so mu, da ima tudi hišo v mestu
Then, he entered the city with a goal
Nato je vstopil v mesto z golom
Pursuing his goal, he allowed the city to suck him in
Pri zasledovanju svojega cilja je dovolil mestu, da ga posrka vase
he drifted through the flow of the streets
drvel je skozi tok ulic
he stood still on the squares in the city
stal je mirno na trgih v mestu
he rested on the stairs of stone by the river
počival je na kamnitih stopnicah ob reki
When the evening came, he made friends with a barber's assistant
Ko se je zvečerilo, se je spoprijateljil z brivskim pomočnikom
he had seen him working in the shade of an arch
videl ga je delati v senci oboka
and he found him again praying in a temple of Vishnu
in spet ga je našel med molitvijo v Višnujevem templju
he told about stories of Vishnu and the Lakshmi
pripovedoval je o zgodbah o Višnuju in Lakšmiju
Among the boats by the river, he slept this night
Med čolni ob reki je to noč prespal

Siddhartha came to him before the first customers came into his shop
Siddhartha je prišel k njemu, preden so v njegovo trgovino prišle prve stranke
he had the barber's assistant shave his beard and cut his hair
brivčevemu pomočniku je dal obriti brado in postriči lase
he combed his hair and anointed it with fine oil
počesal si je lase in jih namazal s finim oljem
Then he went to take his bath in the river
Nato se je šel okopat v reko

late in the afternoon, beautiful Kamala approached her garden
pozno popoldne se je lepa Kamala približala njenemu vrtu
Siddhartha was standing at the entrance again
Siddhartha je spet stal na vhodu
he made a bow and received the courtesan's greeting
priklonil se je in prejel kurtizanin pozdrav
he got the attention of one of the servant
pritegnil je pozornost enega od služabnikov
he asked him to inform his mistress
prosil ga je, naj obvesti njegovo ljubico
"a young Brahman wishes to talk to her"
"mlad brahman želi govoriti z njo"
After a while, the servant returned
Čez nekaj časa se je služabnik vrnil
the servant asked Siddhartha to follow him
služabnik je prosil Siddharto, naj mu sledi
Siddhartha followed the servant into a pavilion
Siddhartha je sledil služabniku v paviljon
here Kamala was lying on a couch
tukaj je Kamala ležala na kavču
and the servant left him alone with her
in služabnik ga je pustil samega z njo
"Weren't you also standing out there yesterday, greeting me?" asked Kamala

"Ali nisi tudi ti včeraj stal tam zunaj in me pozdravljal?" je vprašala Kamala
"It's true that I've already seen and greeted you yesterday"
"Res je, da sem te že včeraj videl in pozdravil"
"But didn't you yesterday wear a beard, and long hair?"
"A nisi včeraj nosil brade in dolgih las?"
"and was there not dust in your hair?"
"in ni bilo prahu v tvojih laseh?"
"You have observed well, you have seen everything"
"Dobro ste opazovali, vse ste videli"
"You have seen Siddhartha, the son of a Brahman"
"Videl si Siddharto, sina Brahmana"
"the Brahman who has left his home to become a Samana"
"Brahman, ki je zapustil svoj dom, da bi postal Samana"
"the Brahman who has been a Samana for three years"
"Brahman, ki je bil samana tri leta"
"But now, I have left that path and came into this city"
"Toda zdaj sem zapustil to pot in prišel v to mesto"
"and the first one I met, even before I had entered the city, was you"
"in prvi, ki sem ga srečal, še preden sem vstopil v mesto, si bil ti"
"To say this, I have come to you, oh Kamala!"
"Da bi to rekel, sem prišel k tebi, oh Kamala!"
"before, Siddhartha addressed all woman with his eyes to the ground"
"prej je Siddhartha nagovarjal vse ženske z očmi, uprtimi v tla"
"You are the first woman whom I address otherwise"
"Ti si prva ženska, ki jo drugače nagovorim"
"Never again do I want to turn my eyes to the ground"
"Nikoli več nočem obrniti oči v tla"
"I won't turn when I'm coming across a beautiful woman"
"Ne bom se obrnil, ko naletim na lepo žensko"
Kamala smiled and played with her fan of peacocks' feathers

Kamala se je nasmehnila in se igrala s svojo pahljačo iz pavjega perja

"And only to tell me this, Siddhartha has come to me?"
"In samo zato, da mi to pove, je Siddhartha prišel k meni?"
"To tell you this and to thank you for being so beautiful"
"To ti povem in se ti zahvalim, ker si tako lepa"
"I would like to ask you to be my friend and teacher"
"Rad bi te prosil, da boš moj prijatelj in učitelj"
"for I know nothing yet of that art which you have mastered"
"kajti ne vem še ničesar o tej umetnosti, ki si jo obvladal"
At this, Kamala laughed aloud
Ob tem se je Kamala glasno zasmejala
"Never before this has happened to me, my friend"
"Še nikoli prej se mi to ni zgodilo, prijatelj"
"a Samana from the forest came to me and wanted to learn from me!"
"samana iz gozda je prišel k meni in se želel učiti od mene!"
"Never before this has happened to me"
"Še nikoli prej se mi to ni zgodilo"
"a Samana came to me with long hair and an old, torn loincloth!"
"K meni je prišel Samana z dolgimi lasmi in starim, raztrganim ledjem!"
"Many young men come to me"
"Veliko mladih moških prihaja k meni"
"and there are also sons of Brahmans among them"
"in med njimi so tudi sinovi brahmanov"
"but they come in beautiful clothes"
"vendar pridejo v lepih oblačilih"
"they come in fine shoes"
"pridejo v dobrih čevljih"
"they have perfume in their hair"
"v laseh imajo parfum
"and they have money in their pouches"
"in imajo denar v svojih mošnjičkih"
"This is how the young men are like, who come to me"

"Taki so mladeniči, ki pridejo k meni"
Spoke Siddhartha, "Already I am starting to learn from you"
Govoril je Siddhartha: "Že začenjam se učiti od tebe"
"Even yesterday, I was already learning"
"Še včeraj sem se že učil"
"I have already taken off my beard"
"Sem si že snel brado"
"I have combed the hair"
"Počesal sem lase"
"and I have oil in my hair"
"in imam olje v laseh"
"There is little which is still missing in me"
"Malo mi še manjka"
"oh excellent one, fine clothes, fine shoes, money in my pouch"
"oh super, lepa oblačila, fini čevlji, denar v moji mošnji"
"You shall know Siddhartha has set harder goals for himself"
"Vedeli boste, da si je Siddhartha postavil težje cilje."
"and he has reached these goals"
"in te cilje je dosegel"
"How shouldn't I reach that goal?"
"Kako naj ne dosežem tega cilja?"
"the goal which I have set for myself yesterday"
"cilj, ki sem si ga zadal včeraj"
"to be your friend and to learn the joys of love from you"
"biti tvoj prijatelj in se od tebe učiti radosti ljubezni"
"You'll see that I'll learn quickly, Kamala"
"Boš videla, da se bom hitro naučil, Kamala"
"I have already learned harder things than what you're supposed to teach me"
"Naučil sem se že težjih stvari od tistega, kar bi me ti moral naučiti"
"And now let's get to it"
"In zdaj pojdimo k temu"
"You aren't satisfied with Siddhartha as he is?"

"Nisi zadovoljen s Siddharto, kakršen je?"
"with oil in his hair, but without clothes"
"z oljem v laseh, a brez oblačil"
"Siddhartha without shoes, without money"
"Sidharta brez čevljev, brez denarja"
Laughing, Kamala exclaimed, "No, my dear"
V smehu je Kamala vzkliknila: "Ne, draga moja."
"he doesn't satisfy me, yet"
"on me še ne zadovolji"
"Clothes are what he must have"
"Oblačila so tisto, kar mora imeti"
"pretty clothes, and shoes is what he needs"
"lepa oblačila in čevlje potrebuje"
"pretty shoes, and lots of money in his pouch"
"lepi čevlji in veliko denarja v mošnji"
"and he must have gifts for Kamala"
"in mora imeti darila za Kamalo"
"Do you know it now, Samana from the forest?"
"Ali zdaj veš, Samana iz gozda?"
"Did you mark my words?"
"Ali si označil moje besede?"
"Yes, I have marked your words," Siddhartha exclaimed
"Da, označil sem tvoje besede," je vzkliknil Siddhartha
"How should I not mark words which are coming from such a mouth!"
"Kako naj ne zaznamujem besed, ki prihajajo iz takih ust!"
"Your mouth is like a freshly cracked fig, Kamala"
"Tvoja usta so kot sveže lomljena figa, Kamala"
"My mouth is red and fresh as well"
"Moja usta so rdeča in tudi sveža"
"it will be a suitable match for yours, you'll see"
"to bo primerno za tvojega, boš videl"
"But tell me, beautiful Kamala"
"Ampak povej mi, lepa Kamala"
"aren't you at all afraid of the Samana from the forest""
"se sploh ne bojiš Samane iz gozda""

"the Samana who has come to learn how to make love"
"Samana, ki se je prišla naučiti ljubiti"
"Whatever for should I be afraid of a Samana?"
"Zakaj naj se bojim Samane?"
"a stupid Samana from the forest"
"neumna Samana iz gozda"
"a Samana who is coming from the jackals"
"samana, ki prihaja od šakalov"
"a Samana who doesn't even know yet what women are?"
"Samana, ki sploh še ne ve, kaj so ženske?"
"Oh, he's strong, the Samana"
"Oh, on je močan, Samana"
"and he isn't afraid of anything"
"in ničesar se ne boji"
"He could force you, beautiful girl"
"Lahko bi te prisilil, lepo dekle"
"He could kidnap you and hurt you"
"Lahko te ugrabi in poškoduje"
"No, Samana, I am not afraid of this"
"Ne, Samana, ne bojim se tega"
"Did any Samana or Brahman ever fear someone might come and grab him?"
"Ali se je kateri Samana ali Brahman kdaj bal, da bi ga lahko kdo prišel in ga zgrabil?"
"could he fear someone steals his learning?
"se lahko boji, da bi mu kdo ukradel učenje?"
"could anyone take his religious devotion"
"ali bi kdo lahko prevzel njegovo versko predanost"
"is it possible to take his depth of thought?
"ali je mogoče vzeti njegovo globino misli?"
"No, because these things are his very own"
"Ne, ker so te stvari njegove lastne"
"he would only give away the knowledge he is willing to give"
"oddal bi le tisto znanje, ki ga je pripravljen dati"
"he would only give to those he is willing to give to"

"dal bi samo tistim, ki jim je pripravljen dati"
"precisely like this it is also with Kamala"
"točno tako je tudi s Kamalo"
"and it is the same way with the pleasures of love"
"in enako je z užitki ljubezni"
"Beautiful and red is Kamala's mouth," answered Siddhartha
"Lepa in rdeča so Kamalina usta," je odgovoril Siddhartha
"but don't try to kiss it against Kamala's will"
"ampak ne poskušaj ga poljubiti proti Kamalini volji"
"because you will not obtain a single drop of sweetness from it"
"ker iz tega ne boš dobil niti kapljice sladkobe"
"You are learning easily, Siddhartha"
"Lahko se učiš, Siddhartha"
"you should also learn this"
"Tudi tega bi se moral naučiti"
"love can be obtained by begging, buying"
"ljubezen je mogoče pridobiti z beračenjem, kupovanjem"
"you can receive it as a gift"
"lahko ga prejmete kot darilo"
"or you can find it in the street"
"ali pa ga najdete na ulici"
"but love cannot be stolen"
"a ljubezni ni mogoče ukrasti"
"In this, you have come up with the wrong path"
"Pri tem ste prišli na napačno pot"
"it would be a pity if you would want to tackle love in such a wrong manner"
"škoda bi bilo, če bi se želel ljubezni lotiti na tako napačen način"
Siddhartha bowed with a smile
Siddhartha se je priklonil z nasmehom
"It would be a pity, Kamala, you are so right"
"Bilo bi škoda, Kamala, tako prav imaš"
"It would be such a great pity"
"Bila bi tako velika škoda"

"No, I shall not lose a single drop of sweetness from your mouth"
"Ne, ne bom izgubil niti kapljice sladkosti iz tvojih ust"
"nor shall you lose sweetness from my mouth"
"niti ne boš izgubil sladkosti iz mojih ust"
"So it is agreed. Siddhartha will return"
"Torej je dogovorjeno. Siddhartha se bo vrnil"
"Siddhartha will return once he has what he still lacks"
"Siddhartha se bo vrnil, ko bo imel tisto, kar mu še manjka"
"he will come back with clothes, shoes, and money"
"vrnil se bo z obleko, čevlji in denarjem"
"But speak, lovely Kamala, couldn't you still give me one small advice?"
"Ampak povej, ljubka Kamala, ali mi vseeno ne moreš dati enega majhnega nasveta?"
"Give you an advice? Why not?"
"Ti svetujem? Zakaj ne?"
"Who wouldn't like to give advice to a poor, ignorant Samana?"
"Kdo ne bi rad svetoval ubogemu, nevednemu Samani?"
"Dear Kamala, where I should go to find these three things most quickly?"
"Draga Kamala, kam naj grem, da najhitreje najdem te tri stvari?"
"Friend, many would like to know this"
"Prijatelj, mnogi bi to radi vedeli"
"You must do what you've learned and ask for money"
"Moraš delati, kar si se naučil, in prositi za denar"
"There is no other way for a poor man to obtain money"
"Drugače revež ne more priti do denarja"
"What might you be able to do?"
"Kaj bi morda lahko naredil?"
"I can think. I can wait. I can fast" said Siddhartha
"Lahko razmišljam. Lahko čakam. Lahko postim," je rekel Siddhartha
"Nothing else?" asked Kamala

"Nič drugega?" je vprašala Kamala
"yes, I can also write poetry"
"ja, tudi jaz znam pisati poezijo"
"Would you like to give me a kiss for a poem?"
"Bi mi dal poljub za pesem?"
"I would like to, if I like your poem"
"Rad bi, če mi je všeč tvoja pesem"
"What would be its title?"
"Kakšen bi bil njegov naslov?"
Siddhartha spoke, after he had thought about it for a moment
Siddhartha je spregovoril, potem ko je za trenutek premislil
"Into her shady garden stepped the pretty Kamala"
"V svoj senčni vrt je stopila lepa Kamala"
"At the garden's entrance stood the brown Samana"
"Na vhodu v vrt je stala rjava Samana"
"Deeply, seeing the lotus's blossom, Bowed that man"
"Globoko, ko je videl lotosov cvet, se je priklonil tistemu človeku"
"and smiling, Kamala thanked him"
"in nasmejana se je Kamala zahvalila"
"More lovely, thought the young man, than offerings for gods"
"Bolj lepo, je pomislil mladenič, kot daritve za bogove."
Kamala clapped her hands so loud that the golden bracelets clanged
Kamala je tako glasno plosknila z rokami, da so zlate zapestnice zazvenketale
"Beautiful are your verses, oh brown Samana"
"Lepi so tvoji verzi, o rjava Samana"
"and truly, I'm losing nothing when I'm giving you a kiss for them"
"in res, nič ne izgubim, ko ti dam poljub zanje"
She beckoned him with her eyes
Vabila ga je z očmi
he tilted his head so that his face touched hers

nagnil je glavo tako, da se je njegov obraz dotaknil njenega
and he placed his mouth on her mouth
in položil je svoja usta na njena usta
the mouth which was like a freshly cracked fig
usta, ki so bila podobna sveže zlomljeni figi
For a long time, Kamala kissed him
Kamala ga je dolgo poljubljala
and with a deep astonishment Siddhartha felt how she taught him
in z globokim presenečenjem je Siddhartha čutil, kako ga je učila
he felt how wise she was
čutil je, kako modra je
he felt how she controlled him
čutil je, kako ga obvladuje
he felt how she rejected him
čutil je, kako ga je zavrnila
he felt how she lured him
čutil je, kako ga je premamila
and he felt how there were to be more kisses
in čutil je, da bo poljubov še več
every kiss was different from the others
vsak poljub je bil drugačen od drugih
he was still, when he received the kisses
miroval je, ko je prejel poljube
Breathing deeply, he remained standing where he was
Globoko je dihal in ostal na svojem mestu
he was astonished like a child about the things worth learning
čudil se je kot otrok nad stvarmi, vrednimi učenja
the knowledge revealed itself before his eyes
spoznanje se mu je pokazalo pred očmi
"Very beautiful are your verses" exclaimed Kamala
"Zelo lepi so tvoji verzi," je vzkliknila Kamala
"if I were rich, I would give you pieces of gold for them"
"Če bi bil bogat, bi ti dal zanje koščke zlata"

"But it will be difficult for you to earn enough money with verses"
"Z verzi pa boš težko zaslužil dovolj denarja"
"because you need a lot of money, if you want to be Kamala's friend"
"ker potrebuješ veliko denarja, če hočeš biti Kamalin prijatelj"
"The way you're able to kiss, Kamala!" stammered Siddhartha
"Kako se znaš poljubljati, Kamala!" je jecljal Siddhartha
"Yes, this I am able to do"
"Da, to zmorem"
"therefore I do not lack clothes, shoes, bracelets"
"zato mi ne manjka oblačil, čevljev, zapestnic"
"I have all the beautiful things"
"Imam vse lepe stvari"
"But what will become of you?"
"Kaj pa bo s tabo?"
"Aren't you able to do anything else?"
"Ali ne znaš početi ničesar drugega?"
"can you do more than think, fast, and make poetry?"
"lahko narediš kaj več kot razmišljaš, hitro in ustvarjaš poezijo?"
"I also know the sacrificial songs" said Siddhartha
"Poznam tudi žrtvene pesmi," je rekel Siddhartha
"but I do not want to sing those songs anymore"
"vendar ne želim več peti teh pesmi"
"I also know how to make magic spells"
"Znam tudi delati čarovnije"
"but I do not want to speak them anymore"
"vendar jih ne želim več govoriti"
"I have read the scriptures"
"Prebral sem sveto pismo"
"Stop!" Kamala interrupted him
"Stop!" Kamala ga je prekinila
"You're able to read and write?"
"Ali znaš brati in pisati?"

"Certainly, I can do this, many people can"
"Vsekakor, jaz to zmorem, marsikdo zmore"
"Most people can't," Kamala replied
"Večina ljudi ne more," je odgovorila Kamala
"I am also one of those who can't do it"
"Tudi jaz sem eden tistih, ki tega ne zmorejo"
"It is very good that you're able to read and write"
"Zelo dobro je, da znaš brati in pisati"
"you will also find use for the magic spells"
"našel boš tudi uporabo za čarobne uroke"
In this moment, a maid came running in
V tem trenutku je pritekla služkinja
she whispered a message into her mistress's ear
je svoji gospodarici zašepetala sporočilo na uho
"There's a visitor for me" exclaimed Kamala
"Pri meni je obiskovalec," je vzkliknila Kamala
"Hurry and get yourself away, Siddhartha"
"Pohiti in pojdi stran, Siddhartha"
"nobody may see you in here, remember this!"
"nihče te ne sme videti tukaj, zapomni si to!"
"Tomorrow, I'll see you again"
"Jutri se spet vidiva"
Kamala ordered her maid to give Siddhartha white garments
Kamala je naročila svoji služkinji, naj da Siddharthi bela oblačila
and then Siddhartha found himself being dragged away by the maid
nato pa se je Siddhartha znašel, ko ga je služkinja odvlekla stran
he was brought into a garden-house out of sight of any paths
pripeljali so ga v vrtno hišo izven pogleda vseh poti
then he was led into the bushes of the garden
potem so ga odpeljali v grmovje na vrtu
he was urged to get himself out of the garden as soon as possible
pozvali so ga, naj se čimprej umakne z vrta

and he was told he must not be seen
in rečeno mu je bilo, da ga ne smejo videti
he did as he had been told
storil je, kot mu je bilo rečeno
he was accustomed to the forest
bil je vajen gozda
so he managed to get out without making a sound
tako da mu je uspelo priti ven brez zvoka

he returned to the city carrying the rolled up garments under his arm
vrnil se je v mesto z zvitimi oblačili pod roko
At the inn, where travellers stay, he positioned himself by the door
V gostilni, kjer bivajo popotniki, se je postavil pri vratih
without words he asked for food
brez besed je prosil za hrano
without a word he accepted a piece of rice-cake
brez besed je sprejel kos riževe pogače
he thought about how he had always begged
pomislil je, kako je vedno prosjačil
"Perhaps as soon as tomorrow I will ask no one for food anymore"
"Morda že jutri ne bom nikogar več prosil za hrano"
Suddenly, pride flared up in him
Nenadoma se je v njem razvnel ponos
He was no Samana any more
Ni bil več Samana
it was no longer appropriate for him to beg for food
prosjačiti za hrano se mu ni več spodobilo
he gave the rice-cake to a dog
rižev kolač je dal psu
and that night he remained without food
in tisto noč je ostal brez hrane
Siddhartha thought to himself about the city
Siddhartha je razmišljal o mestu

"Simple is the life which people lead in this world"
"Preprosto je življenje, ki ga ljudje živijo na tem svetu"
"this life presents no difficulties"
"to življenje ne predstavlja nobenih težav"
"Everything was difficult and toilsome when I was a Samana"
"Vse je bilo težko in mukotrpno, ko sem bil Samana"
"as a Samana everything was hopeless"
"kot Samana je bilo vse brezupno"
"but now everything is easy"
"zdaj je pa vse enostavno"
"it is easy like the lesson in kissing from Kamala"
"enostavno je kot lekcija poljubljanja iz Kamale"
"I need clothes and money, nothing else"
"Potrebujem obleko in denar, nič drugega"
"these goals are small and achievable"
"ti cilji so majhni in dosegljivi"
"such goals won't make a person lose any sleep"
"zaradi takšnih ciljev oseba ne bo izgubila spanca"

the next day he returned to Kamala's house
naslednji dan se je vrnil v Kamalino hišo
"Things are working out well" she called out to him
"Stvari dobro delujejo," mu je zaklicala
"They are expecting you at Kamaswami's"
"Pričakujejo te pri Kamaswamiju"
"he is the richest merchant of the city"
"je najbogatejši trgovec v mestu"
"If he likes you, he'll accept you into his service"
"Če si mu všeč, te bo sprejel v službo"
"but you must be smart, brown Samana"
"ampak moraš biti pameten, rjava Samana"
"I had others tell him about you"
"Drugi so mu povedali o tebi"
"Be polite towards him, he is very powerful"
"Bodite vljudni do njega, zelo je močan"

"But I warn you, don't be too modest!"
"A opozarjam vas, ne bodite preskromni!"
"I do not want you to become his servant"
"Nočem, da postaneš njegov služabnik"
"you shall become his equal"
"postal mu boš enak"
"or else I won't be satisfied with you"
"sicer ne bom zadovoljen s tabo"
"Kamaswami is starting to get old and lazy"
"Kamaswami postaja star in len"
"If he likes you, he'll entrust you with a lot"
"Če te ima rad, ti bo veliko zaupal"
Siddhartha thanked her and laughed
Siddhartha se ji je zahvalil in se zasmejal
she found out that he had not eaten
ugotovila je, da ni jedel
so she sent him bread and fruits
zato mu je poslala kruh in sadje
"You've been lucky" she said when they parted
"Srečo si imel," je rekla, ko sta se razšla
"I'm opening one door after another for you"
"Zate odpiram ena vrata za drugimi"
"How come? Do you have a spell?"
"Kako to? Imaš urok?"
"I told you I knew how to think, to wait, and to fast"
"Rekel sem ti, da znam razmišljati, čakati in postiti"
"but you thought this was of no use"
"ampak mislil si, da to ne koristi"
"But it is useful for many things"
"Je pa uporaben za marsikaj"
"Kamala, you'll see that the stupid Samanas are good at learning"
"Kamala, videla boš, da se neumni Samani dobro učijo."
"you'll see they are able to do many pretty things in the forest"
"Videli boste, da v gozdu zmorejo marsikaj lepega"

"things which the likes of you aren't capable of"
"stvari, ki jih taki, kot si ti, niso sposobni"
"The day before yesterday, I was still a shaggy beggar"
"Predvčerajšnjim sem bil še kosmat berač"
"as recently as yesterday I have kissed Kamala"
"Še včeraj sem poljubil Kamalo"
"and soon I'll be a merchant and have money"
"in kmalu bom trgovec in bom imel denar"
"and I'll have all those things you insist upon"
"in imel bom vse tiste stvari, pri katerih vztrajaš"
"Well yes," she admitted, "but where would you be without me?"
"No ja," je priznala, "ampak kje bi bil brez mene?"
"What would you be, if Kamala wasn't helping you?"
"Kaj bi bil, če ti Kamala ne bi pomagala?"
"Dear Kamala" said Siddhartha
"Draga Kamala," je rekel Siddhartha
and he straightened up to his full height
in se je vzravnal do svoje polne višine
"when I came to you into your garden, I did the first step"
"ko sem prišel k tebi na tvoj vrt, sem naredil prvi korak"
"It was my resolution to learn love from this most beautiful woman"
"Moja odločitev je bila, da se naučim ljubezni od te najlepše ženske"
"that moment I had made this resolution"
"tisti trenutek sem sprejel to odločitev"
"and I knew I would carry it out"
"in vedel sem, da bom to izpeljal"
"I knew that you would help me"
"Vedel sem, da mi boš pomagal"
"at your first glance at the entrance of the garden I already knew it"
"Že ob tvojem prvem pogledu na vhod v vrt sem ga poznal"
"But what if I hadn't been willing?" asked Kamala
"Kaj pa, če ne bi bil pripravljen?" je vprašala Kamala

"You were willing" replied Siddhartha
"Bil si pripravljen," je odgovoril Siddhartha
"When you throw a rock into water, it takes the fastest course to the bottom"
"Ko vržeš kamen v vodo, gre najhitreje do dna"
"This is how it is when Siddhartha has a goal"
"Tako je, ko ima Siddharta cilj"
"Siddhartha does nothing; he waits, he thinks, he fasts"
"Sidharta ne dela ničesar; čaka, razmišlja, posti se"
"but he passes through the things of the world like a rock through water"
"toda gre skozi stvari sveta kot skala skozi vodo"
"he passed through the water without doing anything"
"šel je skozi vodo, ne da bi karkoli naredil"
"he is drawn to the bottom of the water"
"vleče ga na dno vode"
"he lets himself fall to the bottom of the water"
"pusti se pasti na dno vode"
"His goal attracts him towards it"
"Njegov cilj ga vleče k sebi"
"he doesn't let anything enter his soul which might oppose the goal"
"ne pusti, da mu pride v dušo karkoli, kar bi lahko nasprotovalo cilju"
"This is what Siddhartha has learned among the Samanas"
"To se je Siddhartha naučil med Samanami"
"This is what fools call magic"
"Temu norci pravijo magija"
"they think it is done by daemons"
"mislijo, da to delajo demoni"
"but nothing is done by daemons"
"vendar ničesar ne naredijo demoni"
"there are no daemons in this world"
"na tem svetu ni demonov"
"Everyone can perform magic, should they choose to"
"Vsakdo lahko izvaja magijo, če se tako odloči"

"everyone can reach his goals if he is able to think"
"Vsak lahko doseže svoje cilje, če je sposoben razmišljati"
"everyone can reach his goals if he is able to wait"
"Vsak lahko doseže svoje cilje, če zna počakati"
"everyone can reach his goals if he is able to fast"
"Vsakdo lahko doseže svoje cilje, če je sposoben postiti"
Kamala listened to him; she loved his voice
Kamala ga je poslušala; ljubila je njegov glas
she loved the look from his eyes
všeč ji je bil pogled njegovih oči
"Perhaps it is as you say, friend"
"Mogoče je tako, kot praviš, prijatelj"
"But perhaps there is another explanation"
"Mogoče pa obstaja druga razlaga"
"Siddhartha is a handsome man"
"Siddhartha je čeden moški"
"his glance pleases the women"
"njegov pogled ugaja ženskam"
"good fortune comes towards him because of this"
"zaradi tega mu pride sreča"
With one kiss, Siddhartha bid his farewell
Z enim poljubom se je Siddhartha poslovil
"I wish that it should be this way, my teacher"
"Želim si, da bi bilo tako, moj učitelj"
"I wish that my glance shall please you"
"Želim si, da bi te moj pogled razveselil"
"I wish that that you always bring me good fortune"
"Želim si, da mi vedno prinašaš srečo"

With the Childlike People
Z otroškimi ljudmi

Siddhartha went to Kamaswami the merchant
Siddhartha je odšel do trgovca Kamaswamija
he was directed into a rich house
napotili so ga v bogato hišo
servants led him between precious carpets into a chamber
služabniki so ga vodili med dragocenimi preprogami v kamro
in the chamber was where he awaited the master of the house
v kamri je čakal gospodarja hiše
Kamaswami entered swiftly into the room
Kamaswami je hitro vstopil v sobo
he was a smoothly moving man
bil je gladko premikajoč se človek
he had very gray hair and very intelligent, cautious eyes
imel je zelo sive lase in zelo inteligentne, previdne oči
and he had a greedy mouth
in imel je pohlepna usta
Politely, the host and the guest greeted one another
Domačin in gost sta se prijazno pozdravila
"I have been told that you were a Brahman" the merchant began
"Rekli so mi, da si Brahman," je začel trgovec
"I have been told that you are a learned man"
"Rekli so mi, da ste učen človek"
"and I have also been told something else"
"pa še nekaj so mi povedali"
"you seek to be in the service of a merchant"
"želiš biti v službi trgovca"
"Might you have become destitute, Brahman, so that you seek to serve?"
"Ali si morda postal obubožan, Brahman, tako da si želiš služiti?"
"No," said Siddhartha, "I have not become destitute"

"Ne," je rekel Siddhartha, "nisem obupal."
"nor have I ever been destitute" added Siddhartha
"niti nisem bil nikoli obubožan," je dodal Siddhartha
"You should know that I'm coming from the Samanas"
"Morate vedeti, da prihajam iz Samanas"
"I have lived with them for a long time"
"Dolgo sem živel z njimi"
"you are coming from the Samanas"
"prihajaš iz Samanas"
"how could you be anything but destitute?"
"kako si lahko karkoli drugega kot revni?"
"Aren't the Samanas entirely without possessions?"
"Ali niso Samane povsem brez imetja?"
"I am without possessions, if that is what you mean" said Siddhartha
"Brez imetja sem, če to misliš," je rekel Siddhartha
"But I am without possessions voluntarily"
"Ampak brez imetja sem prostovoljno"
"and therefore I am not destitute"
"in zato nisem revna"
"But what are you planning to live from, being without possessions?"
"Od česa pa misliš živeti, da si brez imetja?"
"I haven't thought of this yet, sir"
"Na to še nisem pomislil, gospod"
"For more than three years, I have been without possessions"
"Že več kot tri leta sem brez imetja"
"and I have never thought about of what I should live"
"in nikoli nisem razmišljal o tem, kaj naj živim"
"So you've lived of the possessions of others"
"Torej si živel od lastnine drugih"
"Presumable, this is how it is?"
"Verjetno, tako je?"
"Well, merchants also live of what other people own"
"No, tudi trgovci živijo od tega, kar imajo drugi"
"Well said," granted the merchant

"Dobro rečeno," je odobril trgovec
"But he wouldn't take anything from another person for nothing"
"Toda drugemu ne bi ničesar vzel za nič"
"he would give his merchandise in return" said Kamaswami
"v zameno bi dal svoje blago," je rekel Kamaswami
"So it seems to be indeed"
"Torej se zdi, da res"
"Everyone takes, everyone gives, such is life"
"Vsak jemlje, vsak daje, takšno je življenje"
"But if you don't mind me asking, I have a question"
"Če pa nimate nič proti, imam vprašanje."
"being without possessions, what would you like to give?"
"če ste brez imetja, kaj bi radi dali?"
"Everyone gives what he has"
"Vsak da kar ima"
"The warrior gives strength"
"Bojevnik daje moč"
"the merchant gives merchandise"
"trgovec daje blago"
"the teacher gives teachings"
"učitelj daje nauke"
"the farmer gives rice"
"kmet daje riž"
"the fisher gives fish"
"ribič daje ribe"
"Yes indeed. And what is it that you've got to give?"
"Ja, res. In kaj je tisto, kar moraš dati?"
"What is it that you've learned?"
"Kaj si se naučil?"
"what you're able to do?"
"kaj zmoreš narediti?"
"I can think. I can wait. I can fast"
"Lahko razmišljam. Lahko čakam. Lahko postim"
"That's everything?" asked Kamaswami
"To je vse?" je vprašal Kamaswami

"I believe that is everything there is!"
"Verjamem, da je to vse, kar obstaja!"
"And what's the use of that?"
"In kakšna je korist od tega?"
"For example; fasting. What is it good for?"
"Na primer; post. Za kaj je dober?"
"It is very good, sir"
"Zelo dobro je, gospod"
"there are times a person has nothing to eat"
"so trenutki, da človek nima kaj jesti"
"then fasting is the smartest thing he can do"
"potem je post najpametnejša stvar, ki jo lahko naredi"
"there was a time where Siddhartha hadn't learned to fast"
"Bil je čas, ko se Siddhartha ni naučil postiti"
"in this time he had to accept any kind of service"
"v tem času je moral sprejeti kakršno koli storitev"
"because hunger would force him to accept the service"
"ker bi ga lakota prisilila, da sprejme storitev"
"But like this, Siddhartha can wait calmly"
"Takole pa lahko Siddhartha mirno počaka"
"he knows no impatience, he knows no emergency"
"ne pozna nepotrpežljivosti, ne pozna nujnih primerov"
"for a long time he can allow hunger to besiege him"
"dolgo časa lahko dovoli, da ga lakota oblega"
"and he can laugh about the hunger"
"in lahko se smeje lakoti"
"This, sir, is what fasting is good for"
"Za to, gospod, je post dober"
"You're right, Samana" acknowledged Kamaswami
"Prav imaš, Samana," je priznal Kamaswami
"Wait for a moment" he asked of his guest
"Počakaj malo," je prosil svojega gosta
Kamaswami left the room and returned with a scroll
Kamaswami je zapustil sobo in se vrnil z zvitkom
he handed Siddhartha the scroll and asked him to read it
je Siddharti izročil zvitek in ga prosil, naj ga prebere

Siddhartha looked at the scroll handed to him
Siddhartha je pogledal zvitek, ki mu je bil izročen
on the scroll a sales-contract had been written
na zvitku je bila zapisana prodajna pogodba
he began to read out the scroll's contents
začel je brati vsebino zvitka
Kamaswami was very pleased with Siddhartha
Kamaswami je bil s Siddharto zelo zadovoljen
"would you write something for me on this piece of paper?"
"bi mi kaj napisal na ta list papirja?"
He handed him a piece of paper and a pen
Podal mu je kos papirja in pisalo
Siddhartha wrote, and returned the paper
Siddhartha je napisal in vrnil papir
Kamaswami read, "Writing is good, thinking is better"
Kamaswami je prebral: "Pisanje je dobro, razmišljanje je boljše."
"Being smart is good, being patient is better"
"Biti pameten je dobro, biti potrpežljiv je bolje"
"It is excellent how you're able to write" the merchant praised him
»Super je, kako znaš pisati« ga je pohvalil trgovec
"Many a thing we will still have to discuss with one another"
"Marsikaj se bomo še morali pogovoriti drug z drugim"
"For today, I'm asking you to be my guest"
"Danes te prosim, da si moj gost"
"please come to live in this house"
"prosim, pridi živet v to hišo"
Siddhartha thanked Kamaswami and accepted his offer
Siddhartha se je Kamaswamiju zahvalil in sprejel njegovo ponudbo
he lived in the dealer's house from now on
živel je odslej v trgovčevi hiši
Clothes were brought to him, and shoes
Prinesli so mu oblačila in čevlje
and every day, a servant prepared a bath for him

- 122 -

in vsak dan mu je služabnik pripravil kopel

Twice a day, a plentiful meal was served
Dvakrat na dan je bil obilen obrok
but Siddhartha only ate once a day
vendar je Siddhartha jedel samo enkrat na dan
and he ate neither meat, nor did he drink wine
in ni jedel mesa in ni pil vina
Kamaswami told him about his trade
Kamaswami mu je povedal o svoji trgovini
he showed him the merchandise and storage-rooms
pokazal mu je trgovsko blago in skladišča
he showed him how the calculations were done
pokazal mu je, kako so bili narejeni izračuni
Siddhartha got to know many new things
Siddhartha je spoznal marsikaj novega
he heard a lot and spoke little
veliko je slišal in malo govoril
but he did not forget Kamala's words
vendar ni pozabil Kamalinih besed
so he was never subservient to the merchant
tako ni bil nikoli podrejen trgovcu
he forced him to treat him as an equal
prisilil ga je, da ga obravnava kot sebi enakega
perhaps he forced him to treat him as even more than an equal
morda ga je prisilil, da ga je obravnaval kot celo več kot enakega
Kamaswami conducted his business with care
Kamaswami je skrbno vodil svoj posel
and he was very passionate about his business
in bil je zelo strasten do svojega posla
but Siddhartha looked upon all of this as if it was a game
toda Siddhartha je na vse to gledal kot na igro
he tried hard to learn the rules of the game precisely
trudil se je natančno naučiti pravil igre

but the contents of the game did not touch his heart
vendar mu vsebina igre ni prirasla k srcu
He had not been in Kamaswami's house for long
Dolgo ga ni bilo v Kamaswamijevi hiši
but soon he took part in his landlord's business
toda kmalu se je udeležil posla svojega posestnika

every day he visited beautiful Kamala
vsak dan je obiskal prelepo Kamalo
Kamala had an hour appointed for their meetings
Kamala je imela določeno uro za njuna srečanja
she was wearing pretty clothes and fine shoes
nosila je lepa oblačila in lepe čevlje
and soon he brought her gifts as well
in kmalu ji je prinesel tudi darila
Much he learned from her red, smart mouth
Veliko se je naučil iz njenih rdečih, pametnih ust
Much he learned from her tender, supple hand
Veliko se je naučil iz njene nežne, prožne roke
regarding love, Siddhartha was still a boy
glede ljubezni je bil Siddhartha še deček
and he had a tendency to plunge into love blindly
in imel je težnjo, da se slepo potopi v ljubezen
he fell into lust like into a bottomless pit
padel je v poželenje kakor v brezno
she taught him thoroughly, starting with the basics
naučila ga je temeljito, začenši z osnovami
pleasure cannot be taken without giving pleasure
užitka ni mogoče sprejeti brez dajanja užitka
every gesture, every caress, every touch, every look
vsaka gesta, vsako božanje, vsak dotik, vsak pogled
every spot of the body, however small it was, had its secret
vsak del telesa, pa naj bo še tako majhen, je imel svojo skrivnost
the secrets would bring happiness to those who know them
skrivnosti bi prinesle srečo tistim, ki jih poznajo

lovers must not part from one another after celebrating love
zaljubljenci se ne smejo ločiti drug od drugega po praznovanju ljubezni
they must not part without one admiring the other
ne smeta se ločiti, ne da bi eden drugega občudoval
they must be as defeated as they have been victorious
morajo biti enako poraženi, kot so bili zmagoviti
neither lover should start feeling fed up or bored
nobeden od ljubimcev se ne sme začeti počutiti naveličanega ali zdolgočasenega
they should not get the evil feeling of having been abusive
ne bi smeli dobiti slabega občutka, da so bili zlorabljeni
and they should not feel like they have been abused
in ne smejo se počutiti, kot da so bili zlorabljeni
Wonderful hours he spent with the beautiful and smart artist
Čudovite ure, ki jih je preživel z lepo in pametno umetnico
he became her student, her lover, her friend
postal je njen učenec, njen ljubimec, njen prijatelj
Here with Kamala was the worth and purpose of his present life
Tukaj s Kamalo je bila vrednost in namen njegovega sedanjega življenja
his purpose was not with the business of Kamaswami
njegov namen ni bil posel Kamaswamija

Siddhartha received important letters and contracts
Siddhartha je prejel pomembna pisma in pogodbe
Kamaswami began discussing all important affairs with him
Kamaswami se je z njim začel pogovarjati o vseh pomembnih zadevah
He soon saw that Siddhartha knew little about rice and wool
Kmalu je videl, da Siddhartha malo ve o rižu in volni
but he saw that he acted in a fortunate manner
vendar je videl, da je ravnal na srečen način
and Siddhartha surpassed him in calmness and equanimity

in Siddhartha ga je presegel v mirnosti in ravnodušnosti
he surpassed him in the art of understanding previously unknown people
presegel ga je v umetnosti razumevanja prej neznanih ljudi
Kamaswami spoke about Siddhartha to a friend
Kamaswami je o Siddharthi govoril prijatelju
"This Brahman is no proper merchant"
"Ta Brahman ni pravi trgovec"
"he will never be a merchant"
"nikoli ne bo trgovec"
"for business there is never any passion in his soul"
"za posel v njegovi duši nikoli ni strasti"
"But he has a mysterious quality about him"
"Toda v sebi ima skrivnostno lastnost"
"this quality brings success about all by itself"
"ta lastnost sama po sebi prinaša uspeh"
"it could be from a good Star of his birth"
"lahko je od dobre zvezde njegovega rojstva"
"or it could be something he has learned among Samanas"
"ali pa je lahko nekaj, česar se je naučil med Samanami"
"He always seems to be merely playing with our business-affairs"
"Vedno se zdi, da se samo igra z našimi poslovnimi zadevami"
"his business never fully becomes a part of him"
"njegov posel nikoli v celoti ne postane del njega"
"his business never rules over him"
"njegov posel nikoli ne vlada nad njim"
"he is never afraid of failure"
"nikoli se ne boji neuspeha"
"he is never upset by a loss"
"nikoli ni razburjen zaradi izgube"
The friend advised the merchant
Prijatelj je svetoval trgovcu
"Give him a third of the profits he makes for you"
"Daj mu tretjino dobička, ki ga ustvari zate"
"but let him also be liable when there are losses"

"pa naj tudi on odgovarja, ko so izgube"
"Then, he'll become more zealous"
"Takrat bo postal bolj vnet"
Kamaswami was curious, and followed the advice
Kamaswami je bil radoveden in je upošteval nasvet
But Siddhartha cared little about loses or profits
Toda Siddhartha ni maral za izgube ali dobičke
When he made a profit, he accepted it with equanimity
Ko je ustvaril dobiček, ga je sprejel mirno
when he made losses, he laughed it off
ko je delal izgube, se je temu smejal
It seemed indeed, as if he did not care about the business
Videti je bilo res, kot da mu ni mar za posel
At one time, he travelled to a village
Nekoč je odpotoval v vas
he went there to buy a large harvest of rice
tja je šel, da bi kupil veliko letino riža
But when he got there, the rice had already been sold
A ko je prišel tja, je bil riž že prodan
another merchant had gotten to the village before him
drug trgovec je prišel v vas pred njim
Nevertheless, Siddhartha stayed for several days in that village
Kljub temu je Siddhartha ostal nekaj dni v tej vasi
he treated the farmers for a drink
kmete je pogostil s pijačo
he gave copper-coins to their children
njihovim otrokom je dajal bakrene kovance
he joined in the celebration of a wedding
pridružil se je poročnemu slavju
and he returned extremely satisfied from his trip
in se s potovanja vrnil izjemno zadovoljen
Kamaswami was angry that Siddhartha had wasted time and money
Kamaswami je bil jezen, ker je Siddhartha zapravil čas in denar

Siddhartha answered "Stop scolding, dear friend!"
"Siddhartha je odgovoril: "Nehaj grajati, dragi prijatelj!"
"Nothing was ever achieved by scolding"
"Z grajo se nikoli ni nič doseglo"
"If a loss has occurred, let me bear that loss"
"Če je prišlo do izgube, naj to izgubo nosim jaz"
"I am very satisfied with this trip"
"Zelo sem zadovoljen s tem potovanjem"
"I have gotten to know many kinds of people"
"Spoznal sem veliko vrst ljudi"
"a Brahman has become my friend"
"brahman je postal moj prijatelj"
"children have sat on my knees"
"otroci so mi sedeli na kolenih"
"farmers have shown me their fields"
"kmetje so mi pokazali svoja polja"
"nobody knew that I was a merchant"
"nihče ni vedel, da sem trgovec"
"That's all very nice," exclaimed Kamaswami indignantly
"Vse to je zelo lepo," je ogorčeno vzkliknil Kamaswami
"but in fact, you are a merchant after all"
"ampak v resnici ste vendarle trgovec"
"Or did you have only travel for your amusement?"
"Ali pa ste imeli potovanje le za zabavo?"
"of course I have travelled for my amusement" Siddhartha laughed
"Seveda sem potoval za svojo zabavo," se je zasmejal Siddhartha
"For what else would I have travelled?"
"Za kaj drugega bi potoval?"
"I have gotten to know people and places"
"Spoznal sem ljudi in kraje"
"I have received kindness and trust"
"Prejela sem prijaznost in zaupanje"
"I have found friendships in this village"
"V tej vasi sem našel prijateljstva"

"if I had been Kamaswami, I would have travelled back annoyed"
"če bi bil jaz Kamaswami, bi jezen odpotoval nazaj"
"I would have been in hurry as soon as my purchase failed"
"Pohitel bi takoj, ko bi mi nakup propadel"
"and time and money would indeed have been lost"
"in čas in denar bi bila res izgubljena"
"But like this, I've had a few good days"
"Ampak tako sem imel nekaj dobrih dni"
"I've learned from my time there"
"Iz časa tam sem se naučil"
"and I have had joy from the experience"
"in imel sem veselje zaradi te izkušnje"
"I've neither harmed myself nor others by annoyance and hastiness"
"Z sitnostjo in naglico nisem škodoval ne sebi ne drugim"
"if I ever return friendly people will welcome me"
"če se kdaj vrnem, me bodo prijazni ljudje sprejeli"
"if I return to do business friendly people will welcome me too"
"če se vrnem poslovati, me bodo sprejeli tudi prijazni ljudje"
"I praise myself for not showing any hurry or displeasure"
"Hvalim se, ker nisem pokazal naglice ali nezadovoljstva"
"So, leave it as it is, my friend"
"Torej, pusti tako kot je, prijatelj moj"
"and don't harm yourself by scolding"
"in ne poškoduj se z grajo"
"If you see Siddhartha harming himself, then speak with me"
"Če vidite, da se Siddhartha poškoduje, potem govorite z mano."
"and Siddhartha will go on his own path"
"in Siddhartha bo šel po svoji poti"
"But until then, let's be satisfied with one another"
"Do takrat pa bodimo zadovoljni drug z drugim"
the merchant's attempts to convince Siddhartha were futile

trgovčevi poskusi, da bi prepričal Siddharto, so bili zaman
he could not make Siddhartha eat his bread
Siddhartha ni mogel prisiliti, da bi jedel njegov kruh
Siddhartha ate his own bread
Siddhartha je jedel svoj kruh
or rather, they both ate other people's bread
oziroma oba sta jedla tuj kruh
Siddhartha never listened to Kamaswami's worries
Siddhartha ni nikoli poslušal Kamaswamijevih skrbi
and Kamaswami had many worries he wanted to share
in Kamaswami je imel veliko skrbi, ki jih je želel deliti
there were business-deals going on in danger of failing
potekali so posli, ki so bili v nevarnosti, da propadejo
shipments of merchandise seemed to have been lost
zdelo se je, da so bile pošiljke blaga izgubljene
debtors seemed to be unable to pay
zdelo se je, da dolžniki ne morejo plačati
Kamaswami could never convince Siddhartha to utter words of worry
Kamaswami nikoli ni mogel prepričati Siddharthe, naj izreče besede skrbi
Kamaswami could not make Siddhartha feel anger towards business
Kamaswami ni mogel povzročiti, da bi Siddhartha čutil jezo do posla
he could not get him to to have wrinkles on the forehead
ni ga mogel pripraviti do tega, da bi imel gube na čelu
he could not make Siddhartha sleep badly
ni mogel povzročiti, da bi Siddhartha slabo spal

one day, Kamaswami tried to speak with Siddhartha
Nekega dne je Kamaswami poskušal govoriti s Siddharto
"Siddhartha, you have failed to learn anything new"
"Sidharta, nisi se naučil ničesar novega"
but again, Siddhartha laughed at this
ampak spet se je Siddhartha temu smejal

"Would you please not kid me with such jokes"
"Ali me prosim ne zajebavaš s takimi šalami"
"What I've learned from you is how much a basket of fish costs"
"Od tebe sem izvedel, koliko stane košara rib."
"and I learned how much interest may be charged on loaned money"
"in izvedel sem, koliko obresti se lahko zaračuna na posojeni denar"
"These are your areas of expertise"
"To so vaša strokovna področja"
"I haven't learned to think from you, my dear Kamaswami"
"Nisem se naučil razmišljati od tebe, moj dragi Kamaswami"
"you ought to be the one seeking to learn from me"
"ti bi se moral učiti od mene"
Indeed his soul was not with the trade
Dejansko njegova duša ni bila s trgovino
The business was good enough to provide him with money for Kamala
Posel je bil dovolj dober, da mu je zagotovil denar za Kamalo
and it earned him much more than he needed
in zaslužil je veliko več, kot je potreboval
Besides Kamala, Siddhartha's curiosity was with the people
Poleg Kamale je bila Siddhartina radovednost pri ljudeh
their businesses, crafts, worries, and pleasures
njihove posle, obrti, skrbi in užitke
all these things used to be alien to him
vse te stvari so mu bile včasih tuje
their acts of foolishness used to be as distant as the moon
njihova nespametna dejanja so bila nekoč oddaljena kot luna
he easily succeeded in talking to all of them
zlahka mu je uspelo govoriti z vsemi
he could live with all of them
lahko bi živel z vsemi
and he could continue to learn from all of them
in lahko bi se še naprej učil od vseh njih

but there was something which separated him from them
a nekaj ga je ločilo od njih
he could feel a divide between him and the people
čutil je razkol med njim in ljudmi
this separating factor was him being a Samana
ta ločilni dejavnik je bil samana
He saw mankind going through life in a childlike manner
Videl je, da gre človeštvo skozi življenje na otročji način
in many ways they were living the way animals live
v mnogih pogledih so živeli tako, kot živijo živali
he loved and also despised their way of life
ljubil in tudi preziral njihov način življenja
He saw them toiling and suffering
Videl jih je, kako se trudijo in trpijo
they were becoming gray for things unworthy of this price
postajali so sivi za stvari, ki niso vredne te cene
they did things for money and little pleasures
počeli so stvari za denar in majhne užitke
they did things for being slightly honoured
delali so stvari, ker so bili nekoliko počaščeni
he saw them scolding and insulting each other
videl jih je zmerjati in žaliti drug drugega
he saw them complaining about pain
videl jih je tožiti nad bolečino
pains at which a Samana would only smile
bolečine, ob katerih bi se samana le nasmehnila
and he saw them suffering from deprivations
in videl jih je trpeti zaradi pomanjkanja
deprivations which a Samana would not feel
pomanjkanja, ki jih Samana ne bi občutil
He was open to everything these people brought his way
Bil je odprt za vse, kar so mu ti ljudje prinesli
welcome was the merchant who offered him linen for sale
dobrodošel je bil trgovec, ki mu je ponudil platno v prodajo
welcome was the debtor who sought another loan
je bil dobrodošel dolžnik, ki je iskal drugo posojilo

welcome was the beggar who told him the story of his poverty
dobrodošel je bil berač, ki mu je povedal zgodbo o svoji revščini
the beggar who was not half as poor as any Samana
berač, ki ni bil niti pol tako reven kot katerikoli Samana
He did not treat the rich merchant and his servant different
Z bogatim trgovcem in njegovim služabnikom ni ravnal drugače
he let street-vendor cheat him when buying bananas
pustil je, da ga je ulični prodajalec goljufal pri nakupu banan
Kamaswami would often complain to him about his worries
Kamaswami mu je pogosto potožil o svojih skrbeh
or he would reproach him about his business
ali pa bi mu očital njegov posel
he listened curiously and happily
radovedno in veselo je poslušal
but he was puzzled by his friend
vendar ga je zmedel njegov prijatelj
he tried to understand him
ga je poskušal razumeti
and he admitted he was right, up to a certain point
in priznal je, da je imel do določene točke prav
there were many who asked for Siddhartha
veliko jih je prosilo za Siddharto
many wanted to do business with him
mnogi so želeli z njim poslovati
there were many who wanted to cheat him
veliko jih je bilo, ki so ga hoteli ogoljufati
many wanted to draw some secret out of him
mnogi so hoteli iz njega potegniti kakšno skrivnost
many wanted to appeal to his sympathy
mnogi so želeli vzbuditi njegovo sočutje
many wanted to get his advice
mnogi so želeli dobiti njegov nasvet
He gave advice to those who wanted it

Dajal je nasvete tistim, ki so to želeli
he pitied those who needed pity
pomiloval je tiste, ki so potrebovali usmiljenje
he made gifts to those who liked presents
obdaril je tiste, ki so imeli radi darila
he let some cheat him a bit
pustil je, da ga nekateri malce ogoljufajo
this game which all people played occupied his thoughts
ta igra, ki so jo igrali vsi ljudje, je okupirala njegove misli
he thought about this game just as much as he had about the Gods
o tej igri je razmišljal prav toliko kot o bogovih
deep in his chest he felt a dying voice
globoko v prsih je začutil umirajoči glas
this voice admonished him quietly
ta glas ga je tiho opominjal
and he hardly perceived the voice inside of himself
in komaj je zaznal glas v sebi
And then, for an hour, he became aware of something
In potem se je za eno uro nečesa zavedel
he became aware of the strange life he was leading
spoznal je čudno življenje, ki ga je vodil
he realized this life was only a game
spoznal je, da je to življenje le igra
at times he would feel happiness and joy
včasih je čutil srečo in veselje
but real life was still passing him by
a pravo življenje je še šlo mimo njega
and it was passing by without touching him
in šlo je mimo, ne da bi se ga dotaknilo
Siddhartha played with his business-deals
Siddhartha se je igral s svojimi posli
Siddhartha found amusement in the people around him
Siddhartha je našel zabavo v ljudeh okoli sebe
but regarding his heart, he was not with them
v srcu pa ni bil z njimi

The source ran somewhere, far away from him
Izvir je tekel nekje, daleč stran od njega
it ran and ran invisibly
teklo je in teklo je nevidno
it had nothing to do with his life any more
to ni imelo nobene zveze več z njegovim življenjem
at several times he became scared on account of such thoughts
večkrat ga je postalo strah zaradi takih misli
he wished he could participate in all of these childlike games
želel si je, da bi lahko sodeloval v vseh teh otroških igrah
he wanted to really live
hotel je res živeti
he wanted to really act in their theatre
želel je res igrati v njihovem gledališču
he wanted to really enjoy their pleasures
želel je resnično uživati v njihovih užitkih
and he wanted to live, instead of just standing by as a spectator
in želel je živeti, namesto da bi samo stal ob strani kot gledalec

But again and again, he came back to beautiful Kamala
Toda vedno znova se je vračal k prelepi Kamali
he learned the art of love
naučil se je umetnosti ljubezni
and he practised the cult of lust
in prakticiral je kult poželenja
lust, in which giving and taking becomes one
poželenje, v katerem dajanje in jemanje postaneta eno
he chatted with her and learned from her
klepetal je z njo in se od nje učil
he gave her advice, and he received her advice
dajal ji je nasvet in prejel je njen nasvet
She understood him better than Govinda used to understand him

Razumela ga je bolje kot Govinda
she was more similar to him than Govinda had been
bila mu je bolj podobna kot Govinda
"You are like me," he said to her
»Ti si kot jaz,« ji je rekel
"you are different from most people"
"ti si drugačen od večine ljudi"
"You are Kamala, nothing else"
"Ti si Kamala, nič drugega"
"and inside of you, there is a peace and refuge"
"in v tebi je mir in zatočišče"
"a refuge to which you can go at every hour of the day"
"zavetišče, v katerega se lahko odpravite ob vsaki uri dneva"
"you can be at home with yourself"
"lahko si doma sam s seboj"
"I can do this too"
"Tudi jaz to zmorem"
"Few people have this place"
"Malo ljudi ima to mesto"
"and yet all of them could have it"
"pa vendar bi ga vsi lahko imeli"
"Not all people are smart" said Kamala
"Niso vsi ljudje pametni," je rekla Kamala
"No," said Siddhartha, "that's not the reason why"
"Ne," je rekel Siddhartha, "to ni razlog, zakaj"
"Kamaswami is just as smart as I am"
"Kamaswami je prav tako pameten kot jaz"
"but he has no refuge in himself"
"vendar nima zatočišča vase"
"Others have it, although they have the minds of children"
"Drugi ga imajo, čeprav imajo otroško pamet"
"Most people, Kamala, are like a falling leaf"
"Večina ljudi, Kamala, je kot padajoči list"
"a leaf which is blown and is turning around through the air"
"list, ki ga odpihne in se obrača po zraku"

"a leaf which wavers, and tumbles to the ground"
"list, ki omahne in pade na tla"
"But others, a few, are like stars"
"Toda drugi, nekateri, so kot zvezde"
"they go on a fixed course"
"gredo na določen tečaj"
"no wind reaches them"
"veter jih ne doseže"
"in themselves they have their law and their course"
"v sebi imajo svoj zakon in svojo pot"
"Among all the learned men I have met, there was one of this kind"
"Med vsemi učenimi možmi, ki sem jih srečal, je bil eden take vrste"
"he was a truly perfected one"
"bil je resnično izpopolnjen"
"I'll never be able to forget him"
"Nikoli ga ne bom mogel pozabiti"
"It is that Gotama, the exalted one"
"To je tisti Gotama, vzvišeni"
"Thousands of followers are listening to his teachings every day"
"Na tisoče sledilcev vsak dan posluša njegove nauke"
"they follow his instructions every hour"
"vsako uro sledijo njegovim navodilom"
"but they are all falling leaves"
"vendar so vsi padajoči listi"
"not in themselves they have teachings and a law"
"niso v sebi naukov in zakona"
Kamala looked at him with a smile
Kamala ga je pogledala z nasmehom
"Again, you're talking about him," she said
»Spet govoriš o njem,« je rekla
"again, you're having a Samana's thoughts"
"spet imaš Samanine misli"
Siddhartha said nothing, and they played the game of love

Siddhartha ni rekel ničesar in igrala sta igro ljubezni
one of the thirty or forty different games Kamala knew
ena od tridesetih ali štiridesetih različnih iger, ki jih je poznala Kamala
Her body was flexible like that of a jaguar
Njeno telo je bilo prožno kot jaguarjevo
flexible like the bow of a hunter
prožen kot lovski lok
he who had learned from her how to make love
tisti, ki se je od nje naučil ljubiti
he was knowledgeable of many forms of lust
poznal je številne oblike poželenja
he that learned from her knew many secrets
tisti, ki se je učil od nje, je vedel veliko skrivnosti
For a long time, she played with Siddhartha
Dolgo časa se je igrala s Siddharto
she enticed him and rejected him
premamila ga je in zavrnila
she forced him and embraced him
ga je silila in ga objela
she enjoyed his masterful skills
uživala je v njegovih mojstrskih veščinah
until he was defeated and rested exhausted by her side
dokler ni bil poražen in izčrpan počival ob njej
The courtesan bent over him
Kurtizana se je sklonila nad njim
she took a long look at his face
dolgo mu je pogledala v obraz
she looked at his eyes, which had grown tired
pogledala je njegove oči, ki so bile utrujene
"You are the best lover I have ever seen" she said thoughtfully
"Ti si najboljši ljubimec, kar sem jih kdaj videla" je rekla zamišljeno
"You're stronger than others, more supple, more willing"
"Močnejši ste od drugih, bolj prožni, bolj voljni"

"You've learned my art well, Siddhartha"
"Dobro si se naučil moje umetnosti, Siddhartha"
"At some time, when I'll be older, I'd want to bear your child"
"Nekoč, ko bom starejša, bi rada rodila tvojega otroka"
"And yet, my dear, you've remained a Samana"
"In vendar, draga moja, ostal si Samana"
"and despite this, you do not love me"
"in kljub temu me ne ljubiš"
"there is nobody that you love"
"nikogar ne ljubiš"
"Isn't it so?" asked Kamala
"Ali ni tako?" je vprašala Kamala
"It might very well be so," Siddhartha said tiredly
"Lahko bi bilo tako," je utrujeno rekel Siddhartha
"I am like you, because you also do not love"
"Sem kot ti, ker tudi ne ljubiš"
"how else could you practise love as a craft?"
"kako drugače bi lahko izvajal ljubezen kot obrt?"
"Perhaps, people of our kind can't love"
"Mogoče ljudje naše vrste ne morejo ljubiti"
"The childlike people can love, that's their secret"
"Otroški ljudje znajo ljubiti, to je njihova skrivnost"

Sansara

For a long time, Siddhartha had lived in the world and lust
Dolgo časa je Siddhartha živel v svetu in poželenju
he lived this way though, without being a part of it
vendar je živel tako, ne da bi bil del tega
he had killed this off when he had been a Samana
tega je ubil, ko je bil Samana
but now they had awoken again
zdaj pa so se spet prebudili
he had tasted riches, lust, and power
okusil je bogastvo, poželenje in moč
for a long time he had remained a Samana in his heart
dolgo časa je ostal Samana v svojem srcu
Kamala, being smart, had realized this quite right
Kamala, ki je bila pametna, se je tega prav zavedala
thinking, waiting, and fasting still guided his life
razmišljanje, čakanje in post so še vedno vodili njegovo življenje
the childlike people remained alien to him
otročje ljudstvo mu je ostalo tuje
and he remained alien to the childlike people
in otročjemu ljudstvu je ostal tuj
Years passed by; surrounded by the good life
Leta so minevala; obdan z dobrim življenjem
Siddhartha hardly felt the years fading away
Siddhartha skorajda ni čutil, kako leta izginjajo
He had become rich and possessed a house of his own
Postal je bogat in imel je svojo hišo
he even had his own servants
imel je celo svoje služabnike
he had a garden before the city, by the river
imel je vrt pred mestom, ob reki
The people liked him and came to him for money or advice
Ljudje so ga imeli radi in so prihajali k njemu po denar ali nasvet

but there was nobody close to him, except Kamala
vendar ni bilo nikogar blizu njega, razen Kamale
the bright state of being awake
svetlo stanje budnosti
the feeling which he had experienced at the height of his youth
občutek, ki ga je doživel na vrhuncu svoje mladosti
in those days after Gotama's sermon
v tistih dneh po Gotamini pridigi
after the separation from Govinda
po ločitvi od Govinde
the tense expectation of life
napeto pričakovanje življenja
the proud state of standing alone
ponosno stanje, da stoji sam
being without teachings or teachers
biti brez naukov ali učiteljev
the supple willingness to listen to the divine voice in his own heart
prožna pripravljenost poslušati božanski glas v lastnem srcu
all these things had slowly become a memory
vse te stvari so počasi postale spomin
the memory had been fleeting, distant, and quiet
spomin je bil bežen, oddaljen in tih
the holy source, which used to be near, now only murmured
sveti izvir, ki je bil nekdaj blizu, zdaj le žubori
the holy source, which used to murmur within himself
sveti izvir, ki je žuborel v sebi
Nevertheless, many things he had learned from the Samanas
Kljub temu se je veliko stvari naučil od Samana
he had learned from Gotama
se je naučil od Gotame
he had learned from his father the Brahman
od svojega očeta se je naučil Brahmana
his father had remained within his being for a long time
njegov oče je dolgo ostal v njegovem bitju

moderate living, the joy of thinking, hours of meditation
zmerno življenje, veselje do razmišljanja, ure meditacije
the secret knowledge of the self; his eternal entity
skrivno znanje o sebi; njegova večna entiteta
the self which is neither body nor consciousness
jaz, ki ni ne telo ne zavest
Many a part of this he still had
Veliko del tega je še imel
but one part after another had been submerged
toda en del za drugim je bil potopljen
and eventually each part gathered dust
in na koncu je vsak del nabral prah
a potter's wheel, once in motion, will turn for a long time
lončarsko vreteno, ko se enkrat zažene, se bo dolgo vrtelo
it loses its vigour only slowly
le počasi izgublja moč
and it comes to a stop only after time
in se ustavi šele čez čas
Siddhartha's soul had kept on turning the wheel of asceticism
Siddharthova duša je še naprej obračala kolo asketizma
the wheel of thinking had kept turning for a long time
kolo razmišljanja se je še dolgo vrtelo
the wheel of differentiation had still turned for a long time
kolo diferenciacije se je še dolgo vrtelo
but it turned slowly and hesitantly
vendar se je obračalo počasi in obotavljajoče
and it was close to coming to a standstill
in skoraj se je ustavilo
Slowly, like humidity entering the dying stem of a tree
Počasi, kot vlaga vstopa v odmirajoče steblo drevesa
filling the stem slowly and making it rot
počasi polni steblo in povzroča gnitje
the world and sloth had entered Siddhartha's soul
svet in lenoba sta vstopila v Siddharthino dušo
slowly it filled his soul and made it heavy

počasi mu je napolnilo dušo in jo naredilo težko
it made his soul tired and put it to sleep
utrudila mu je dušo in jo uspavala
On the other hand, his senses had become alive
Po drugi strani pa so njegovi čuti oživeli
there was much his senses had learned
njegova čutila so se veliko naučila
there was much his senses had experienced
marsikaj so doživeli njegovi čuti
Siddhartha had learned to trade
Siddhartha se je naučil trgovati
he had learned how to use his power over people
naučil se je uporabljati svojo moč nad ljudmi
he had learned how to enjoy himself with a woman
naučil se je uživati z žensko
he had learned how to wear beautiful clothes
naučil se je nositi lepa oblačila
he had learned how to give orders to servants
naučil se je ukazovati služabnikom
he had learned how to bathe in perfumed waters
naučil se je kopati v dišeči vodi
He had learned how to eat tenderly and carefully prepared food
Naučil se je jesti nežno in skrbno pripravljeno hrano
he even ate fish, meat, and poultry
jedel je celo ribe, meso in perutnino
spices and sweets and wine, which causes sloth and forgetfulness
začimbe in sladkarije ter vino, ki povzroča lenobo in pozabljivost
He had learned to play with dice and on a chess-board
Naučil se je igrati s kockami in na šahovnici
he had learned to watch dancing girls
naučil se je gledati plesalke
he learned to have himself carried about in a sedan-chair
naučil se je, da se je prevažal v limuzinskem stolu

he learned to sleep on a soft bed
naučil se je spati na mehki postelji
But still he felt different from others
A vseeno se je počutil drugačen od drugih
he still felt superior to the others
še vedno se je počutil nadrejenega drugim
he always watched them with some mockery
vedno jih je gledal nekoliko posmehljivo
there was always some mocking disdain to how he felt about them
vedno je bilo nekaj posmehljivega prezira, kaj je čutil do njih
the same disdain a Samana feels for the people of the world
isti prezir, ki ga Samana čuti do ljudi po svetu

Kamaswami was ailing and felt annoyed
Kamaswami je bil bolan in se je počutil razdraženega
he felt insulted by Siddhartha
se je počutil užaljenega s strani Siddharte
and he was vexed by his worries as a merchant
in mučile so ga njegove skrbi kot trgovca
Siddhartha had always watched these things with mockery
Siddhartha je te stvari vedno gledal s posmehom
but his mockery had become more tired
toda njegovo posmehovanje je postalo bolj utrujeno
his superiority had become more quiet
njegova premoč je postala bolj tiha
as slowly imperceptible as the rainy season passing by
tako počasi neopazna kot minevajoča deževna sezona
slowly, Siddhartha had assumed something of the childlike people's ways
počasi je Siddhartha prevzel nekaj otroških navad ljudi
he had gained some of their childishness
pridobil je nekaj njihove otročjesti
and he had gained some of their fearfulness
in pridobil je nekaj njihovega strahu

And yet, the more be become like them the more he envied them
In vendar, bolj jim je postajal podoben, bolj jim je zavidal
He envied them for the one thing that was missing from him
Zavidal jim je edino stvar, ki mu je manjkala
the importance they were able to attach to their lives
pomen, ki so ga lahko pripisali svojemu življenju
the amount of passion in their joys and fears
količino strasti v njihovih radostih in strahovih
the fearful but sweet happiness of being constantly in love
strašljivo, a sladko srečo biti nenehno zaljubljen
These people were in love with themselves all of the time
Ti ljudje so bili ves čas zaljubljeni vase
women loved their children, with honours or money
ženske so ljubile svoje otroke, s častmi ali denarjem
the men loved themselves with plans or hopes
moški so se ljubili z načrti ali upi
But he did not learn this from them
A tega se ni naučil od njih
he did not learn the joy of children
ni se naučil otroškega veselja
and he did not learn their foolishness
in njihove neumnosti se ni naučil
what he mostly learned were their unpleasant things
večinoma se je naučil njihovih neprijetnih stvari
and he despised these things
in te stvari je preziral
in the morning, after having had company
zjutraj, po družbi
more and more he stayed in bed for a long time
vedno bolj je dolgo ostajal v postelji
he felt unable to think, and was tired
čutil je, da ne more razmišljati, in bil je utrujen
he became angry and impatient when Kamaswami bored him with his worries

postal je jezen in nepotrpežljiv, ko ga je Kamaswami
dolgočasil s svojimi skrbmi
he laughed just too loud when he lost a game of dice
le preglasno se je smejal, ko je izgubil igro s kockami
His face was still smarter and more spiritual than others
Njegov obraz je bil še vedno pametnejši in bolj poduhovljen
od drugih
but his face rarely laughed anymore
a njegov obraz se je redkokdaj več smejal
slowly, his face assumed other features
počasi je njegov obraz dobil druge poteze
the features often found in the faces of rich people
poteze, ki jih pogosto najdemo na obrazih bogatih ljudi
features of discontent, of sickliness, of ill-humour
značilnosti nezadovoljstva, slabosti, slabega humorja
features of sloth, and of a lack of love
značilnosti lenobe in pomanjkanja ljubezni
the disease of the soul which rich people have
bolezen duše, ki jo imajo bogati ljudje
Slowly, this disease grabbed hold of him
Počasi se ga je ta bolezen polastila
like a thin mist, tiredness came over Siddhartha
kot tanka meglica je Siddharto prevzela utrujenost
slowly, this mist got a bit denser every day
počasi je bila ta meglica vsak dan bolj gosta
it got a bit murkier every month
vsak mesec je postalo malo bolj mračno
and every year it got a bit heavier
in vsako leto je bilo nekoliko težje
dresses become old with time
obleke se s časom starajo
clothes lose their beautiful colour over time
oblačila sčasoma izgubijo svojo lepo barvo
they get stains, wrinkles, worn off at the seams
dobijo madeže, gube, obrabljene po šivih
they start to show threadbare spots here and there

tu in tam se začnejo pojavljati oguljene lise
this is how Siddhartha's new life was
takšno je bilo Siddharthino novo življenje
the life which he had started after his separation from Govinda
življenje, ki ga je začel po ločitvi od Govinde
his life had grown old and lost colour
njegovo življenje se je postaralo in izgubilo barvo
there was less splendour to it as the years passed by
z leti je bilo manj sijaja
his life was gathering wrinkles and stains
njegovo življenje je nabiralo gube in madeže
and hidden at bottom, disappointment and disgust were waiting
in skrito na dnu sta čakala razočaranje in gnus
they were showing their ugliness
kazali so svojo grdoto
Siddhartha did not notice these things
Siddhartha teh stvari ni opazil
he remembered the bright and reliable voice inside of him
spomnil se je bistrega in zanesljivega glasu v sebi
he noticed the voice had become silent
je opazil, da je glas utihnil
the voice which had awoken in him at that time
glas, ki se je takrat prebudil v njem
the voice that had guided him in his best times
glas, ki ga je vodil v njegovih najboljših časih
he had been captured by the world
ujel ga je svet
he had been captured by lust, covetousness, sloth
ujeli so ga poželenje, pohlep, lenoba
and finally he had been captured by his most despised vice
in končno ga je ujela njegova najbolj zaničevana razvada
the vice which he mocked the most
razvada, ki se ji je najbolj posmehoval
the most foolish one of all vices

najbolj neumna od vseh razvad
he had let greed into his heart
v svoje srce je spustil pohlep
Property, possessions, and riches also had finally captured him
Premoženje, imetje in bogastvo so ga končno ujeli
having things was no longer a game to him
imeti stvari zanj ni bila več igra
his possessions had become a shackle and a burden
njegovo premoženje je postalo okov in breme
It had happened in a strange and devious way
Zgodilo se je na čuden in zvit način
Siddhartha had gotten this vice from the game of dice
Siddhartha je dobil to razvado iz igre s kockami
he had stopped being a Samana in his heart
v svojem srcu je prenehal biti Samana
and then he began to play the game for money
nato pa je začel igrati igro za denar
first he joined the game with a smile
najprej se je z nasmehom pridružil igri
at this time he only played casually
v tem času je igral le priložnostno
he wanted to join the customs of the childlike people
hotel se je pridružiti navadam otročjega ljudstva
but now he played with an increasing rage and passion
zdaj pa je igral z vse večjim besom in strastjo
He was a feared gambler among the other merchants
Med drugimi trgovci se je bali hazarderja
his stakes were so audacious that few dared to take him on
njegovi vložki so bili tako drzni, da si ga je le malokdo upal spopasti
He played the game due to a pain of his heart
Igro je igral zaradi bolečine v srcu
losing and wasting his wretched money brought him an angry joy

izguba in zapravljanje njegovega bednega denarja mu je prineslo jezno veselje
he could demonstrate his disdain for wealth in no other way
svojega prezira do bogastva ni mogel pokazati na noben drug način
he could not mock the merchants' false god in a better way
ne bi se mogel bolje norčevati iz lažnega boga trgovcev
so he gambled with high stakes
zato je igral z visokimi vložki
he mercilessly hated himself and mocked himself
neusmiljeno se je sovražil in se posmehoval
he won thousands, threw away thousands
tisoče je dobil, tisoče stran vrgel
he lost money, jewellery, a house in the country
izgubil je denar, nakit, hišo na deželi
he won it again, and then he lost again
spet je zmagal, nato pa spet izgubil
he loved the fear he felt while he was rolling the dice
ljubil je strah, ki ga je čutil, ko je metal kocke
he loved feeling worried about losing what he gambled
rad ga je skrbelo, da bo izgubil tisto, kar je zastavil
he always wanted to get this fear to a slightly higher level
vedno je želel ta strah spraviti na malo višjo raven
he only felt something like happiness when he felt this fear
čutil je le nekaj podobnega sreči, ko je občutil ta strah
it was something like an intoxication
bilo je nekaj podobnega zastrupitvi
something like an elevated form of life
nekaj podobnega vzvišeni obliki življenja
something brighter in the midst of his dull life
nekaj svetlejšega sredi njegovega dolgočasnega življenja
And after each big loss, his mind was set on new riches
In po vsaki veliki izgubi so se njegove misli usmerile v novo bogastvo
he pursued the trade more zealously
bolj vneto se je ukvarjal s trgovino

he forced his debtors more strictly to pay
je svoje dolžnike strožje prisilil k plačilu
because he wanted to continue gambling
ker je želel nadaljevati z igrami na srečo
he wanted to continue squandering
hotel je še naprej zapravljati
he wanted to continue demonstrating his disdain of wealth
želel je še naprej izkazovati svoj prezir do bogastva
Siddhartha lost his calmness when losses occurred
Siddhartha je izgubil svojo mirnost, ko je prišlo do izgub
he lost his patience when he was not paid on time
izgubil je potrpljenje, ko ni bil pravočasno plačan
he lost his kindness towards beggars
izgubil je prijaznost do beračev
He gambled away tens of thousands at one roll of the dice
Ob enem metu kocke je zakockal na desettisoče
he became more strict and more petty in his business
v svojem poslu je postal bolj strog in bolj malenkosten
occasionally, he was dreaming at night about money!
občasno je ponoči sanjal o denarju!
whenever he woke up from this ugly spell, he continued fleeing
kadarkoli se je zbudil iz tega grdega uroka, je nadaljeval z begom
whenever he found his face in the mirror to have aged, he found a new game
kadar koli je ugotovil, da se je njegov obraz v ogledalu postaral, je našel novo igro
whenever embarrassment and disgust came over him, he numbed his mind
kadarkoli sta ga obšla zadrega in gnus, je omrtvičil svoj razum
he numbed his mind with sex and wine
omrtvičil je svoj um s seksom in vinom
and from there he fled back into the urge to pile up and obtain possessions

in od tam je pobegnil nazaj v željo po kopičenju in
pridobivanju imetja
In this pointless cycle he ran
V tem nesmiselnem ciklu je tekel
from his life he grow tired, old, and ill
iz svojega življenja se utrudi, postara in zboli

Then the time came when a dream warned him
Potem je prišel čas, ko so ga opozorile sanje
He had spent the hours of the evening with Kamala
Večerne ure je preživel s Kamalo
he had been in her beautiful pleasure-garden
bil je v njenem čudovitem vrtu
They had been sitting under the trees, talking
Sedela sta pod drevesi in se pogovarjala
and Kamala had said thoughtful words
in Kamala je rekla premišljene besede
words behind which a sadness and tiredness lay hidden
besede, za katerimi se skrivata žalost in utrujenost
She had asked him to tell her about Gotama
Prosila ga je, naj ji pove o Gotami
she could not hear enough of him
ni mogla dovolj slišati o njem
she loved how clear his eyes were
všeč ji je bilo, kako jasne so bile njegove oči
she loved how still and beautiful his mouth was
Všeč ji je bilo, kako mirna in lepa so bila njegova usta
she loved the kindness of his smile
ljubila je prijaznost njegovega nasmeha
she loved how peaceful his walk had been
Všeč ji je bilo, kako miren je bil njegov sprehod
For a long time, he had to tell her about the exalted Buddha
Dolgo časa ji je moral pripovedovati o vzvišenem Budi
and Kamala had sighed, and spoke
in Kamala je vzdihnila in spregovorila
"One day, perhaps soon, I'll also follow that Buddha"

"Nekega dne, morda kmalu, bom tudi jaz sledil temu Budi"
"I'll give him my pleasure-garden for a gift"
"Za darilo mu bom dal svoj vrt za užitke"
"and I will take my refuge in his teachings"
"in zatekel se bom v njegove nauke"
But after this, she had aroused him
Toda po tem ga je vzbudila
she had tied him to her in the act of making love
pri ljubljenju ga je privezala k sebi
with painful fervour, biting and in tears
z bolečo vnemo, zagrizeno in v solzah
it was as if she wanted to squeeze the last sweet drop out of this wine
bilo je, kakor bi hotela iz tega vina iztisniti zadnjo sladko kapljo
Never before had it become so strangely clear to Siddhartha
Siddharti še nikoli prej ni postalo tako čudno jasno
he felt how close lust was akin to death
čutil je, kako blizu je poželenje podobno smrti
he laid by her side, and Kamala's face was close to him
ležal je ob njej, Kamalin obraz pa je bil blizu njega
under her eyes and next to the corners of her mouth
pod očmi in ob kotičkih ust
it was as clear as never before
bilo je tako jasno kot še nikoli
there read a fearful inscription
tam se je glasil strašen napis
an inscription of small lines and slight grooves
napis iz majhnih črt in rahlih utorov
an inscription reminiscent of autumn and old age
napis, ki spominja na jesen in starost
here and there, gray hairs among his black ones
tu in tam sivi lasje med njegovimi črnimi
Siddhartha himself, who was only in his forties, noticed the same thing

Sam Siddhartha, ki je bil šele v svojih štiridesetih, je opazil isto stvar
Tiredness was written on Kamala's beautiful face
Na Kamalinem prelepem obrazu je bila zapisana utrujenost
tiredness from walking a long path
utrujenost zaradi dolge hoje
a path which has no happy destination
pot, ki nima srečnega cilja
tiredness and the beginning of withering
utrujenost in začetek izsuševanja
fear of old age, autumn, and having to die
strah pred starostjo, jesenjo in smrtjo
With a sigh, he had bid his farewell to her
Z vzdihom se je poslovil od nje
the soul full of reluctance, and full of concealed anxiety
duša polna odpora in polna prikrite tesnobe

Siddhartha had spent the night in his house with dancing girls
Siddhartha je preživel noč v svoji hiši s plesalkami
he acted as if he was superior to them
obnašal se je, kot da jim je nadrejen
he acted superior towards the fellow-members of his caste
obnašal se je vzvišeno do sočlanov svoje kaste
but this was no longer true
ampak to ni bilo več res
he had drunk much wine that night
tisto noč je popil veliko vina
and he went to bed a long time after midnight
in je šel spat dolgo čez polnoč
tired and yet excited, close to weeping and despair
utrujen in vendar navdušen, blizu joka in obupa
for a long time he sought to sleep, but it was in vain
dolgo je iskal spanja, a je bilo zaman
his heart was full of misery
njegovo srce je bilo polno bede

he thought he could not bear any longer
mislil je, da ne more več zdržati
he was full of a disgust, which he felt penetrating his entire body
bil je poln gnusa, ki ga je čutil, kako mu prodira po vsem telesu
like the lukewarm repulsive taste of the wine
kot mlačen odbijajoč okus vina
the dull music was a little too happy
dolgočasna glasba je bila malo preveč vesela
the smile of the dancing girls was a little too soft
nasmeh plesalk je bil malo premehak
the scent of their hair and breasts was a little too sweet
vonj njihovih las in prsi je bil nekoliko presladek
But more than by anything else, he was disgusted by himself
A bolj kot nad čim drugim se je gnusil nad samim seboj
he was disgusted by his perfumed hair
gnusil se je nad svojimi dišečimi lasmi
he was disgusted by the smell of wine from his mouth
gnusil se mu je vonj po vinu iz ust
he was disgusted by the listlessness of his skin
zgražal se je nad brezvoljnostjo svoje kože
Like when someone who has eaten and drunk far too much
Kot ko nekdo, ki je pojedel in popil veliko preveč
they vomit it back up again with agonising pain
ponovno ga bruhajo z mučno bolečino
but they feel relieved by the vomiting
vendar se zaradi bruhanja počutijo olajšane
this sleepless man wished to free himself of these pleasures
ta neprespani človek se je hotel osvoboditi teh užitkov
he wanted to be rid of these habits
želel se je znebiti teh navad
he wanted to escape all of this pointless life
želel je pobegniti od vsega tega nesmiselnega življenja
and he wanted to escape from himself

in hotel je pobegniti od sebe
it wasn't until the light of the morning when he had slightly fallen sleep
šele ob jutranji svetlobi je rahlo zaspal
the first activities in the street were already beginning
prve aktivnosti na ulici so se že začele
for a few moments he had found a hint of sleep
za nekaj trenutkov je našel kanček spanca
In those moments, he had a dream
V tistih trenutkih je imel sanje
Kamala owned a small, rare singing bird in a golden cage
Kamala je imela majhno, redko pojočo ptico v zlati kletki
it always sung to him in the morning
zjutraj mu je vedno pelo
but then he dreamt this bird had become mute
potem pa je sanjal, da je ta ptica onemela
since this arose his attention, he stepped in front of the cage
ker je to vzbudilo njegovo pozornost, je stopil pred kletko
he looked at the bird inside the cage
pogledal je ptico v kletki
the small bird was dead, and lay stiff on the ground
majhna ptica je bila mrtva in je trdo ležala na tleh
He took the dead bird out of its cage
Mrtvo ptico je vzel iz kletke
he took a moment to weigh the dead bird in his hand
vzel si je trenutek in v roki stehtal mrtvo ptico
and then threw it away, out in the street
in ga nato vrgel stran, na ulico
in the same moment he felt terribly shocked
v istem trenutku se je počutil strašno pretresenega
his heart hurt as if he had thrown away all value
srce ga je bolelo, kakor bi bil vrgel proč vso vrednost
everything good had been inside of this dead bird
vse dobro je bilo v tej mrtvi ptici
Starting up from this dream, he felt encompassed by a deep sadness

Ko je začel te sanje, se je počutil obdanega z globoko žalostjo
everything seemed worthless to him
vse se mu je zdelo brez vrednosti
worthless and pointless was the way he had been going through life
ničvredna in nesmiselna je bila pot, po kateri je šel skozi življenje
nothing which was alive was left in his hands
nič živega ni ostalo v njegovih rokah
nothing which was in some way delicious could be kept
ničesar, kar je bilo na nek način okusno, ni bilo mogoče obdržati
nothing worth keeping would stay
nič, kar bi bilo vredno obdržati, ne bi ostalo
alone he stood there, empty like a castaway on the shore
sam je stal tam, prazen kakor brodolomec na obali

With a gloomy mind, Siddhartha went to his pleasure-garden
Z mračnim umom je Siddhartha odšel na svoj vrt užitkov
he locked the gate and sat down under a mango-tree
zaklenil je vrata in se usedel pod mangovo drevo
he felt death in his heart and horror in his chest
čutil je smrt v srcu in grozo v prsih
he sensed how everything died and withered in him
slutil je, kako je vse umrlo in usahnilo v njem
By and by, he gathered his thoughts in his mind
Sčasoma je zbral svoje misli v mislih
once again, he went through the entire path of his life
še enkrat je prehodil celotno pot svojega življenja
he started with the first days he could remember
začel je s prvimi dnevi, ki se jih spominja
When was there ever a time when he had felt a true bliss?
Kdaj je bil kdaj čas, ko je občutil pravo blaženost?
Oh yes, several times he had experienced such a thing
O ja, nekajkrat je že doživel kaj takega

In his years as a boy he had had a taste of bliss
V svojih letih kot deček je okusil blaženost
he had felt happiness in his heart when he obtained praise from the Brahmans
čutil je srečo v svojem srcu, ko je prejel pohvalo od Brahmanov
"There is a path in front of the one who has distinguished himself"
"Pred tistim, ki se je odlikoval, je pot"
he had felt bliss reciting the holy verses
čutil je blaženost, ko je recitiral svete verze
he had felt bliss disputing with the learned ones
čutil je blaženost, ko je razpravljal z učenimi
he had felt bliss when he was an assistant in the offerings
čutil je blaženost, ko je bil pomočnik pri darovanju
Then, he had felt it in his heart
Potem je to začutil v srcu
"There is a path in front of you"
"Pred teboj je pot"
"you are destined for this path"
"usojena si na to pot"
"the gods are awaiting you"
"bogovi te čakajo"
And again, as a young man, he had felt bliss
In spet, kot mladenič, je občutil blaženost
when his thoughts separated him from those thinking on the same things
ko so ga njegove misli ločile od tistih, ki razmišljajo o istih stvareh
when he wrestled in pain for the purpose of Brahman
ko se je v bolečini boril za namen Brahmana
when every obtained knowledge only kindled new thirst in him
ko je vsako pridobljeno znanje v njem le podžigalo novo žejo
in the midst of the pain he felt this very same thing
sredi bolečine je čutil to isto
"Go on! You are called upon!"

"Naprej! Povabljeni ste!"
He had heard this voice when he had left his home
Ta glas je slišal, ko je zapustil svoj dom
he heard heard this voice when he had chosen the life of a Samana
slišal je ta glas, ko je izbral življenje samane
and again he heard this voice when left the Samanas
in spet je slišal ta glas, ko je zapustil Samane
he had heard the voice when he went to see the perfected one
slišal je glas, ko je šel pogledat popolnega
and when he had gone away from the perfected one, he had heard the voice
in ko je odšel od popolnega, je slišal glas
he had heard the voice when he went into the uncertain
slišal je glas, ko je šel v negotovost
For how long had he not heard this voice anymore?
Kako dolgo ni več slišal tega glasu?
for how long had he reached no height anymore?
kako dolgo ni dosegel nobene višine več?
how even and dull was the manner in which he went through life?
kako enakomeren in dolgočasen je bil način, kako je šel skozi življenje?
for many long years without a high goal
dolga leta brez visokega cilja
he had been without thirst or elevation
bil je brez žeje ali dviga
he had been content with small lustful pleasures
bil je zadovoljen z majhnimi poželjivimi užitki
and yet he was never satisfied!
in vendar nikoli ni bil zadovoljen!
For all of these years he had tried hard to become like the others
Vsa ta leta se je zelo trudil, da bi postal kot drugi
he longed to be one of the childlike people

hrepenel je po tem, da bi bil eden od otroških ljudi
but he didn't know that that was what he really wanted
vendar ni vedel, da je to tisto, kar si resnično želi
his life had been much more miserable and poorer than theirs
njegovo življenje je bilo veliko bolj bedno in revnejše kot njihovo
because their goals and worries were not his
ker njihovi cilji in skrbi niso bili njegovi
the entire world of the Kamaswami-people had only been a game to him
ves svet ljudstva Kamaswami je bil zanj le igra
their lives were a dance he would watch
njihova življenja so bila ples, ki ga je gledal
they performed a comedy he could amuse himself with
uprizorili so komedijo, s katero se je lahko zabaval
Only Kamala had been dear and valuable to him
Samo Kamala mu je bila draga in dragocena
but was she still valuable to him?
a je bila še vedno vredna zanj?
Did he still need her?
Jo je še potreboval?
Or did she still need him?
Ali pa ga je še vedno potrebovala?
Did they not play a game without an ending?
Ali niso igrali igre brez konca?
Was it necessary to live for this?
Je bilo za to treba živeti?
No, it was not necessary!
Ne, ni bilo potrebno!
The name of this game was Sansara
Ime te igre je bilo Sansara
a game for children which was perhaps enjoyable to play once
igra za otroke, ki je bila nekoč morda prijetna
maybe it could be played twice

morda bi se dalo igrati dvakrat
perhaps you could play it ten times
morda bi jo lahko odigral desetkrat
but should you play it for ever and ever?
a bi jo morali igrati na vekomaj?
Then, Siddhartha knew that the game was over
Potem je Siddhartha vedel, da je igre konec
he knew that he could not play it any more
vedel je, da ne more več igrati
Shivers ran over his body and inside of him
Po telesu in v njem so ga spreleteli drget
he felt that something had died
čutil je, da je nekaj umrlo

That entire day, he sat under the mango-tree
Ves dan je sedel pod mangovim drevesom
he was thinking of his father
mislil je na očeta
he was thinking of Govinda
mislil je na Govindo
and he was thinking of Gotama
in mislil je na Gotamo
Did he have to leave them to become a Kamaswami?
Ali jih je moral zapustiti, da je postal Kamaswami?
He was still sitting there when the night had fallen
Še vedno je sedel tam, ko se je znočilo
he caught sight of the stars, and thought to himself
zagledal je zvezde in si mislil
"Here I'm sitting under my mango-tree in my pleasure-garden"
"Tukaj sedim pod svojim mangovim drevesom v svojem vrtu užitkov"
He smiled a little to himself
Malce se je nasmehnil sam pri sebi
was it really necessary to own a garden?
je bilo res potrebno imeti vrt?

was it not a foolish game?
ali ni bila neumna igra?
did he need to own a mango-tree?
je moral imeti mangovo drevo?
He also put an end to this
Tudi temu je naredil konec
this also died in him
tudi to je v njem zamrlo
He rose and bid his farewell to the mango-tree
Vstal je in se poslovil od mangovega drevesa
he bid his farewell to the pleasure-garden
poslovil se je od vrta užitkov
Since he had been without food this day, he felt strong hunger
Ker je ta dan ostal brez hrane, je čutil močno lakoto
and he thought of his house in the city
in pomislil je na svojo hišo v mestu
he thought of his chamber and bed
mislil je na svojo kamro in posteljo
he thought of the table with the meals on it
pomislil je na mizo z jedmi na njej
He smiled tiredly, shook himself, and bid his farewell to these things
Utrujeno se je nasmehnil, se stresel in se poslovil od teh stvari
In the same hour of the night, Siddhartha left his garden
V isti uri ponoči je Siddhartha zapustil svoj vrt
he left the city and never came back
zapustil je mesto in se ni več vrnil

For a long time, Kamaswami had people look for him
Dolgo časa je Kamaswami iskal ljudi
they thought he had fallen into the hands of robbers
mislili so, da je padel v roke roparjem
Kamala had no one look for him
Kamala ga nihče ni iskal
she was not astonished by his disappearance

ni bila presenečena nad njegovim izginotjem
Did she not always expect it?
Ali ni vedno pričakovala?
Was he not a Samana?
Ali ni bil Samana?
a man who was at home nowhere, a pilgrim
človek, ki ni bil nikjer doma, romar
she had felt this the last time they had been together
to je čutila zadnjič, ko sta bila skupaj
she was happy despite all the pain of the loss
bila je srečna kljub vsej bolečini izgube
she was happy she had been with him one last time
vesela je bila, da je bila zadnjič z njim
she was happy she had pulled him so affectionately to her heart
vesela je bila, da ga je tako prisrčno pritegnila k srcu
she was happy she had felt completely possessed and penetrated by him
bila je srečna, da se je počutila popolnoma obsedeno in prežeto z njim
When she received the news, she went to the window
Ko je prejela novico, je stopila do okna
at the window she held a rare singing bird
na oknu je držala redko ptico pevko
the bird was held captive in a golden cage
ptica je bila ujeta v zlati kletki
She opened the door of the cage
Odprla je vrata kletke
she took the bird out and let it fly
vzela je ptico ven in jo pustila leteti
For a long time, she gazed after it
Dolgo časa je gledala za njim
From this day on, she received no more visitors
Od tega dne dalje ni več sprejemala obiskovalcev
and she kept her house locked
in hišo je imela zaklenjeno

But after some time, she became aware that she was pregnant
Toda čez nekaj časa je ugotovila, da je noseča
she was pregnant from the last time she was with Siddhartha
bila je noseča, ko je bila zadnjič s Siddharto

By the River
Ob reki

Siddhartha walked through the forest
Siddhartha je hodil skozi gozd
he was already far from the city
bil je že daleč od mesta
and he knew nothing but one thing
in ni vedel nič drugega kot eno stvar
there was no going back for him
zanj ni bilo poti nazaj
the life that he had lived for many years was over
življenja, ki ga je živel dolga leta, je bilo konec
he had tasted all of this life
okusil je vse to življenje
he had sucked everything out of this life
vse je posrkal iz tega življenja
until he was disgusted with it
dokler se ni zgražal nad tem
the singing bird he had dreamt of was dead
ptica pevka, o kateri je sanjal, je bila mrtva
and the bird in his heart was dead too
in tudi ptica v njegovem srcu je bila mrtva
he had been deeply entangled in Sansara
bil je globoko zapleten v Sansaro
he had sucked up disgust and death into his body
v svoje telo je posrkal gnus in smrt
like a sponge sucks up water until it is full
kot goba sesa vodo, dokler ni polna
he was full of misery and death
bil je poln bede in smrti
there was nothing left in this world which could have attracted him
nič več ni bilo na tem svetu, kar bi ga lahko pritegnilo
nothing could have given him joy or comfort
nič mu ne bi moglo dati veselja ali tolažbe

he passionately wished to know nothing about himself anymore
strastno si je želel, da ne bi vedel ničesar več o sebi
he wanted to have rest and be dead
hotel je počivati in biti mrtev
he wished there was a lightning-bolt to strike him dead!
želel si je strele, ki bi ga udarila mrtvega!
If there only was a tiger to devour him!
Ko bi le obstajal tiger, ki bi ga požrl!
If there only was a poisonous wine which would numb his senses
Ko bi le obstajalo strupeno vino, ki bi mu omrtvičilo čute
a wine which brought him forgetfulness and sleep
vino, ki mu je prineslo pozabo in spanje
a wine from which he wouldn't awake from
vino, iz katerega se ne bi zbudil
Was there still any kind of filth he had not soiled himself with?
Je še obstajala kakšna umazanija, s katero se ni umazal?
was there a sin or foolish act he had not committed?
je obstajal greh ali neumno dejanje, ki ga ni storil?
was there a dreariness of the soul he didn't know?
je bila turobnost duše, ki je ni poznal?
was there anything he had not brought upon himself?
je bilo kaj, česar ni prinesel sam?
Was it still at all possible to be alive?
Je bilo sploh še mogoče biti živ?
Was it possible to breathe in again and again?
Je bilo mogoče znova in znova vdihniti?
Could he still breathe out?
Je še lahko izdihnil?
was he able to bear hunger?
ali je lahko prenašal lakoto?
was there any way to eat again?
je bilo mogoče spet jesti?
was it possible to sleep again?

je bilo mogoče spet spati?
could he sleep with a woman again?
bi lahko spet spal z žensko?
had this cycle not exhausted itself?
se ta cikel ni izčrpal?
were things not brought to their conclusion?
ali stvari niso bile pripeljane do konca?

Siddhartha reached the large river in the forest
Siddhartha je prišel do velike reke v gozdu
it was the same river he crossed when he had still been a young man
to je bila ista reka, ki jo je prečkal, ko je bil še mladenič
it was the same river he crossed from the town of Gotama
to je bila ista reka, ki jo je prečkal iz mesta Gotama
he remembered a ferryman who had taken him over the river
spomnil se je brodarja, ki ga je peljal čez reko
By this river he stopped, and hesitantly he stood at the bank
Ob tej reki se je ustavil in obotavljajoče obstal ob bregu
Tiredness and hunger had weakened him
Utrujenost in lakota sta ga oslabili
"what should I walk on for?"
"kaj naj hodim naprej?"
"to what goal was there left to go?"
"do katerega cilja je še ostalo?"
No, there were no more goals
Ne, golov ni bilo več
there was nothing left but a painful yearning to shake off this dream
ni ostalo nič drugega kot boleče hrepenenje, da bi se otresel teh sanj
he yearned to spit out this stale wine
hrepenel je, da bi izpljunil to staro vino
he wanted to put an end to this miserable and shameful life
hotel je narediti konec temu bednemu in sramotnemu življenju

a coconut-tree bent over the bank of the river
kokosovo drevo, ki se je sklonilo nad breg reke
Siddhartha leaned against its trunk with his shoulder
Siddhartha se je z ramo naslonil na njegovo deblo
he embraced the trunk with one arm
z eno roko je objel deblo
and he looked down into the green water
in pogledal je v zeleno vodo
the water ran under him
voda je tekla pod njim
he looked down and found himself to be entirely filled with the wish to let go
pogledal je dol in ugotovil, da je popolnoma napolnjen z željo, da bi odšel
he wanted to drown in these waters
hotel se je utopiti v teh vodah
the water reflected a frightening emptiness back at him
voda mu je nazaj odsevala zastrašujočo praznino
the water answered to the terrible emptiness in his soul
voda je odgovorila na strašno praznino v njegovi duši
Yes, he had reached the end
Da, prišel je do konca
There was nothing left for him, except to annihilate himself
Ni mu preostalo drugega, kot da se je uničil
he wanted to smash the failure into which he had shaped his life
hotel je razbiti neuspeh, v katerega je oblikoval svoje življenje
he wanted to throw his life before the feet of mockingly laughing gods
svoje življenje je hotel vreči pred noge posmehljivo smejočih se bogov
This was the great vomiting he had longed for; death
To je bilo veliko bruhanje, po katerem je hrepenel; smrt
the smashing to bits of the form he hated
razbijanje na koščke oblike, ki jo je sovražil
Let him be food for fishes and crocodiles

Naj bo hrana za ribe in krokodile
Siddhartha the dog, a lunatic
Pes Siddhartha, norec
a depraved and rotten body; a weakened and abused soul!
izprijeno in pokvarjeno telo; oslabljena in zlorabljena duša!
let him be chopped to bits by the daemons
naj ga demoni sesekljajo na koščke
With a distorted face, he stared into the water
S popačenim obrazom je strmel v vodo
he saw the reflection of his face and spat at it
videl je odsev svojega obraza in pljunil vanj
In deep tiredness, he took his arm away from the trunk of the tree
V globoki utrujenosti je odmaknil roko od debla drevesa
he turned a bit, in order to let himself fall straight down
nekoliko se je obrnil, da bi lahko padel naravnost navzdol
in order to finally drown in the river
da bi se končno utopil v reki
With his eyes closed, he slipped towards death
Z zaprtimi očmi je drsel smrti naproti
Then, out of remote areas of his soul, a sound stirred up
Nato se je iz oddaljenih predelov njegove duše vzburil zvok
a sound stirred up out of past times of his now weary life
zvok, vzburjen iz preteklih časov njegovega zdaj utrujenega življenja
It was a singular word, a single syllable
Bila je ena beseda, en sam zlog
without thinking he spoke the voice to himself
brez razmišljanja je spregovoril glas sam pri sebi
he slurred the beginning and the end of all prayers of the Brahmans
zamolčal je začetek in konec vseh molitev Brahmanov
he spoke the holy Om
govoril je sveti Om
"that what is perfect" or "the completion"
"tisto, kar je popolno" ali "dokončanje"

And in the moment he realized the foolishness of his actions
In v trenutku je spoznal nespametnost svojih dejanj
the sound of Om touched Siddhartha's ear
zvok Oma se je dotaknil Siddharthinega ušesa
his dormant spirit suddenly woke up
njegov speči duh se je nenadoma prebudil
Siddhartha was deeply shocked
Siddhartha je bil globoko šokiran
he saw this was how things were with him
videl je, kako je z njim
he was so doomed that he had been able to seek death
bil je tako obsojen, da je lahko iskal smrt
he had lost his way so much that he wished the end
tako se je izgubil, da si je želel konca
the wish of a child had been able to grow in him
v njem je lahko zrasla otroška želja
he had wished to find rest by annihilating his body!
želel je najti počitek z uničenjem svojega telesa!
all the agony of recent times
vsa agonija zadnjega časa
all sobering realizations that his life had created
vsa streznitvena spoznanja, ki jih je ustvarilo njegovo življenje
all the desperation that he had felt
ves obup, ki ga je čutil
these things did not bring about this moment
te stvari niso prinesle tega trenutka
when the Om entered his consciousness he became aware of himself
ko je Om vstopil v njegovo zavest, se je zavedel samega sebe
he realized his misery and his error
spoznal je svojo bedo in svojo napako
Om! he spoke to himself
Om! je govoril sam s seboj
Om! and again he knew about Brahman
Om! in spet je vedel za Brahmana
Om! he knew about the indestructibility of life

Om! vedel je za neuničljivost življenja
Om! he knew about all that is divine, which he had forgotten
Om! vedel je o vsem, kar je božje, kar je pozabil
But this was only a moment that flashed before him
Toda to je bil le trenutek, ki je švignil pred njim
By the foot of the coconut-tree, Siddhartha collapsed
Ob vznožju kokosove palme se je Siddhartha zgrudil
he was struck down by tiredness
udarila ga je utrujenost
mumbling "Om", he placed his head on the root of the tree
zamomljal "Om" je položil glavo na korenino drevesa
and he fell into a deep sleep
in globoko je zaspal
Deep was his sleep, and without dreams
Globok je bil njegov spanec in brez sanj
for a long time he had not known such a sleep any more
že dolgo ni poznal več takega spanca

When he woke up after many hours, he felt as if ten years had passed
Ko se je po mnogih urah zbudil, se je počutil, kot da je minilo deset let
he heard the water quietly flowing
slišal je vodo tiho teči
he did not know where he was
ni vedel, kje je
and he did not know who had brought him here
in ni vedel, kdo ga je pripeljal sem
he opened his eyes and looked with astonishment
je odprl oči in pogledal začudeno
there were trees and the sky above him
nad njim so bila drevesa in nebo
he remembered where he was and how he got here
spomnil se je, kje je in kako je prišel sem
But it took him a long while for this

A za to je potreboval kar nekaj časa
the past seemed to him as if it had been covered by a veil
preteklost se mu je zdela, kakor bi bila pokrita s tančico
infinitely distant, infinitely far away, infinitely meaningless
neskončno daleč, neskončno daleč, neskončno nesmiselno
He only knew that his previous life had been abandoned
Vedel je le, da je bilo njegovo prejšnje življenje zapuščeno
this past life seemed to him like a very old, previous incarnation
to preteklo življenje se mu je zdelo kot zelo stara, prejšnja inkarnacija
this past life felt like a pre-birth of his present self
to preteklo življenje se mu je zdelo kot pred rojstvom njegovega sedanjega jaza
full of disgust and wretchedness, he had intended to throw his life away
poln gnusa in bede je nameraval zavreči svoje življenje
he had come to his senses by a river, under a coconut-tree
k sebi je prišel ob reki, pod kokosovo palmo
the holy word "Om" was on his lips
sveta beseda "Om" je bila na njegovih ustnicah
he had fallen asleep and had now woken up
zaspal je in se je zdaj zbudil
he was looking at the world as a new man
na svet je gledal kot nov človek
Quietly, he spoke the word "Om" to himself
Tiho je sam pri sebi spregovoril besedo "Om".
the "Om" he was speaking when he had fallen asleep
"Om", ki ga je govoril, ko je zaspal
his sleep felt like nothing more than a long meditative recitation of "Om"
njegov spanec ni bil nič drugega kot dolgo meditativno recitiranje "Om"
all his sleep had been a thinking of "Om"
ves njegov spanec je bil razmišljanje o "Om"
a submergence and complete entering into "Om"

potopitev in popoln vstop v "Om"
a going into the perfected and completed
gredo v izpopolnjeno in dokončano
What a wonderful sleep this had been!
Kako čudovit spanec je bil to!
he had never before been so refreshed by sleep
še nikoli ga ni tako okrepčal spanec
Perhaps, he really had died
Morda je res umrl
maybe he had drowned and was reborn in a new body?
morda se je utopil in se ponovno rodil v novem telesu?
But no, he knew himself and who he was
Ampak ne, poznal je sebe in kdo je
he knew his hands and his feet
poznal je svoje roke in noge
he knew the place where he lay
poznal je kraj, kjer je ležal
he knew this self in his chest
tega sebe je poznal v svojih prsih
Siddhartha the eccentric, the weird one
Siddhartha, ekscentrični, čudaški
but this Siddhartha was nevertheless transformed
a ta Siddhartha se je kljub temu preobrazil
he was strangely well rested and awake
bil je nenavadno dobro spočit in buden
and he was joyful and curious
in bil je vesel in radoveden

Siddhartha straightened up and looked around
Siddhartha se je vzravnal in se ozrl
then he saw a person sitting opposite to him
potem je zagledal osebo, ki je sedela nasproti njega
a monk in a yellow robe with a shaven head
menih v rumeni obleki z obrito glavo
he was sitting in the position of pondering
sedel je v položaju premišljevanja

He observed the man, who had neither hair on his head nor a beard
Opazoval je moškega, ki ni imel ne las ne na glavi ne brade
he had not observed him for long when he recognised this monk
ni ga dolgo opazoval, ko je spoznal tega meniha
it was Govinda, the friend of his youth
bil je Govinda, prijatelj njegove mladosti
Govinda, who had taken his refuge with the exalted Buddha
Govinda, ki se je zatekel k vzvišenemu Budi
Like Siddhartha, Govinda had also aged
Tako kot Siddhartha se je tudi Govinda postaral
but his face still bore the same features
a njegov obraz je imel še vedno iste poteze
his face still expressed zeal and faithfulness
njegov obraz je še izražal gorečnost in zvestobo
you could see he was still searching, but timidly
videlo se je, da še vedno išče, a plaho
Govinda sensed his gaze, opened his eyes, and looked at him
Govinda je začutil njegov pogled, odprl oči in ga pogledal
Siddhartha saw that Govinda did not recognise him
Siddhartha je videl, da ga Govinda ne prepozna
Govinda was happy to find him awake
Govinda je bil vesel, da ga je našel budnega
apparently, he had been sitting here for a long time
očitno je že dolgo sedel tukaj
he had been waiting for him to wake up
čakal je, da se zbudi
he waited, although he did not know him
čakal je, čeprav ga ni poznal
"I have been sleeping" said Siddhartha
"Spal sem," je rekel Siddhartha
"How did you get here?"
"Kako si prišel sem?"
"You have been sleeping" answered Govinda

"Spal si," je odgovoril Govinda
"It is not good to be sleeping in such places"
"Ni dobro spati na takih mestih"
"snakes and the animals of the forest have their paths here"
"kače in gozdne živali imajo tu svoje poti"
"I, oh sir, am a follower of the exalted Gotama"
"Jaz, o gospod, sem privrženec vzvišenega Gotame"
"I was on a pilgrimage on this path"
"Bil sem na romanju po tej poti"
"I saw you lying and sleeping in a place where it is dangerous to sleep"
"Videl sem te ležati in spati na mestu, kjer je nevarno spati"
"Therefore, I sought to wake you up"
"Zato sem te hotel zbuditi"
"but I saw that your sleep was very deep"
"vendar sem videl, da si spal zelo globoko"
"so I stayed behind from my group"
"zato sem ostal iz svoje skupine"
"and I sat with you until you woke up"
"in sedel sem s teboj, dokler se nisi zbudil"
"And then, so it seems, I have fallen asleep myself"
"In potem sem, tako se zdi, tudi sam zaspal"
"I, who wanted to guard your sleep, fell asleep"
"Jaz, ki sem hotel varovati tvoj spanec, sem zaspal"
"Badly, I have served you"
"Slabo, ustregel sem ti"
"tiredness had overwhelmed me"
"utrujenost me je premagala"
"But since you're awake, let me go to catch up with my brothers"
"Ampak ker si buden, naj grem dohiteti svoje brate"
"I thank you, Samana, for watching out over my sleep" spoke Siddhartha
"Zahvaljujem se ti, Samana, da paziš na moj spanec," je rekel Siddhartha
"You're friendly, you followers of the exalted one"

"Prijazni ste, privrženci vzvišenega"
"Now you may go to them"
"Zdaj lahko greš k njim"
"I'm going, sir. May you always be in good health"
"Grem, gospod. Naj boste vedno zdravi"
"I thank you, Samana"
"Zahvaljujem se ti, Samana"
Govinda made the gesture of a salutation and said "Farewell"
Govinda je naredil gesto pozdrava in rekel "Zbogom"
"Farewell, Govinda" said Siddhartha
"Zbogom, Govinda," je rekel Siddhartha
The monk stopped as if struck by lightning
Menih se je ustavil, kakor bi ga strela zadela
"Permit me to ask, sir, from where do you know my name?"
"Dovolite, da vprašam, gospod, od kod veste moje ime?"
Siddhartha smiled, "I know you, oh Govinda, from your father's hut"
Siddhartha se je nasmehnil: "Poznam te, o Govinda, iz koče tvojega očeta"
"and I know you from the school of the Brahmans"
"in poznam te iz šole brahmanov"
"and I know you from the offerings"
"in poznam te iz ponudb"
"and I know you from our walk to the Samanas"
"in poznam te iz našega sprehoda do Samanas"
"and I know you from when you took refuge with the exalted one"
"in poznam te od takrat, ko si se zatekel k vzvišenemu"
"You're Siddhartha," Govinda exclaimed loudly, "Now, I recognise you"
"Ti si Siddhartha," je glasno vzkliknil Govinda, "Zdaj te prepoznam."
"I don't comprehend how I couldn't recognise you right away"
"Ne razumem, kako te nisem mogel takoj prepoznati"

"Siddhartha, my joy is great to see you again"
"Siddhartha, moje veselje je, da te spet vidim"
"It also gives me joy, to see you again" spoke Siddhartha
"Prav tako mi daje veselje, da te spet vidim," je rekel Siddhartha
"You've been the guard of my sleep"
"Bil si čuvaj mojega spanca"
"again, I thank you for this"
"še enkrat se ti zahvaljujem za to"
"but I wouldn't have required any guard"
"vendar ne bi potreboval nobenega stražarja"
"Where are you going to, oh friend?"
"Kam greš, o prijatelj?"
"I'm going nowhere," answered Govinda
"Nikamor ne grem," je odgovoril Govinda
"We monks are always travelling"
"Menihi vedno potujemo"
"whenever it is not the rainy season, we move from one place to another"
"Kadarkoli ni deževna sezona, se selimo iz enega kraja v drugega"
"we live according to the rules of the teachings passed on to us"
"živimo po pravilih naukov, ki so nam bili posredovani"
"we accept alms, and then we move on"
"sprejmemo miloščino, potem pa gremo naprej"
"It is always like this"
"Vedno je tako"
"But you, Siddhartha, where are you going to?"
"Ampak ti, Siddhartha, kam greš?"
"for me it is as it is with you"
"pri meni je tako kot pri tebi"
"I'm going nowhere; I'm just travelling"
"Nikamor ne grem; samo potujem"
"I'm also on a pilgrimage"
"Tudi jaz sem na romanju"

Govinda spoke "You say you're on a pilgrimage, and I believe you"
Govinda je spregovoril: "Praviš, da si na romanju, in jaz ti verjamem"
"But, forgive me, oh Siddhartha, you do not look like a pilgrim"
"Ampak, oprosti mi, o Siddhartha, nisi videti kot romar"
"You're wearing a rich man's garments"
"Nosite oblačila bogataša"
"you're wearing the shoes of a distinguished gentleman"
"nosite čevlje uglednega gospoda"
"and your hair, with the fragrance of perfume, is not a pilgrim's hair"
"in tvoji lasje, dišeči po parfumu, niso lasje romarja"
"you do not have the hair of a Samana"
"nimaš las samane"
"you are right, my dear"
"prav imaš, draga moja"
"you have observed things well"
"dobro si opazil stvari"
"your keen eyes see everything"
"tvoje ostre oči vidijo vse"
"But I haven't said to you that I was a Samana"
"Ampak nisem ti rekel, da sem Samana"
"I said I'm on a pilgrimage"
"Rekel sem, da sem na romanju"
"And so it is, I'm on a pilgrimage"
"In tako je, sem na romanju"
"You're on a pilgrimage" said Govinda
"Na romanju si," je rekel Govinda
"But few would go on a pilgrimage in such clothes"
"A le malokdo bi šel na romanje v takih oblačilih"
"few would pilger in such shoes"
"Le malokdo bi piljal v takih čevljih"
"and few pilgrims have such hair"
"in malo romarjev ima takšne lase"

"I have never met such a pilgrim"
"Takšnega romarja še nisem srečal"
"and I have been a pilgrim for many years"
"in že vrsto let sem romar"
"I believe you, my dear Govinda"
"Verjamem ti, moj dragi Govinda"
"But now, today, you've met a pilgrim just like this"
"Ampak zdaj, danes, si srečal ravno takšnega romarja"
"a pilgrim wearing these kinds of shoes and garment"
"romar, ki nosi tovrstne čevlje in oblačila"
"Remember, my dear, the world of appearances is not eternal"
"Zapomni si, draga moja, svet videza ni večen"
"our shoes and garments are anything but eternal"
"naši čevlji in oblačila so vse prej kot večni"
"our hair and bodies are not eternal either"
"tudi naši lasje in telo niso večni"
I'm wearing a rich man's clothes"
Nosim oblačila bogataša"
"you've seen this quite right"
"to ste prav razumeli"
"I'm wearing them, because I have been a rich man"
"Nosim jih, ker sem bil bogat človek"
"and I'm wearing my hair like the worldly and lustful people"
"in nosim svoje lase kot posvetni in poželjivi ljudje"
"because I have been one of them"
"ker sem bil eden izmed njih"
"And what are you now, Siddhartha?" Govinda asked
"In kaj si zdaj, Siddhartha?" je vprašal Govinda
"I don't know it, just like you"
"Ne vem, tako kot ti"
"I was a rich man, and now I am not a rich man anymore"
"Bil sem bogat človek, zdaj pa nisem več bogat človek"
"and what I'll be tomorrow, I don't know"
"in kaj bom jutri, ne vem"

"You've lost your riches?" asked Govinda
"Ste izgubili svoje bogastvo?" je vprašal Govinda
"I've lost my riches, or they have lost me"
"Izgubil sem svoje bogastvo ali pa so oni izgubili mene"
"My riches somehow happened to slip away from me"
"Moje bogastvo se mi je nekako izmuznilo"
"The wheel of physical manifestations is turning quickly, Govinda"
"Kolo fizičnih manifestacij se hitro vrti, Govinda"
"Where is Siddhartha the Brahman?"
"Kje je Siddhartha Brahman?"
"Where is Siddhartha the Samana?"
"Kje je Siddhartha Samana?"
"Where is Siddhartha the rich man?"
"Kje je bogataš Siddhartha?"
"Non-eternal things change quickly, Govinda, you know it"
"Nevečne stvari se hitro spreminjajo, Govinda, saj veš"
Govinda looked at the friend of his youth for a long time
Govinda je dolgo gledal prijatelja svoje mladosti
he looked at him with doubt in his eyes
ga je pogledal z dvomom v očeh
After that, he gave him the salutation which one would use on a gentleman
Po tem mu je dal pozdrav, ki bi ga uporabili za gospoda
and he went on his way, and continued his pilgrimage
in odšel je na pot ter nadaljeval svoje romanje
With a smiling face, Siddhartha watched him leave
Siddhartha ga je z nasmejanim obrazom gledal, kako odhaja
he loved him still, this faithful, fearful man
še vedno ga je ljubil, tega zvestega, boječega človeka
how could he not have loved everybody and everything in this moment?
kako ne bi ljubil vseh in vsega v tem trenutku?
in the glorious hour after his wonderful sleep, filled with Om!
v veličastni uri po njegovem čudovitem spanju, polnem Om!

The enchantment, which had happened inside of him in his sleep
Čarolija, ki se je zgodila v njem v spanju
this enchantment was everything that he loved
ta očaranost je bila vse, kar je ljubil
he was full of joyful love for everything he saw
bil je poln vesele ljubezni do vsega, kar je videl
exactly this had been his sickness before
točno to je bila njegova bolezen prej
he had not been able to love anybody or anything
nikogar ali ničesar ni mogel ljubiti
With a smiling face, Siddhartha watched the leaving monk
Z nasmejanim obrazom je Siddhartha opazoval odhajajočega meniha

The sleep had strengthened him a lot
Spanje ga je zelo okrepilo
but hunger gave him great pain
a lakota mu je povzročala velike bolečine
by now he had not eaten for two days
zdaj že dva dni ni jedel
the times were long past when he could resist such hunger
davno so minili časi, ko se je lahko uprl taki lakoti
With sadness, and yet also with a smile, he thought of that time
Z žalostjo, a tudi z nasmehom je pomislil na tisti čas
In those days, so he remembered, he had boasted of three things to Kamala
V tistih dneh se je, tako se je spominjal, Kamali pohvalil s tremi stvarmi
he had been able to do three noble and undefeatable feats
bil je sposoben narediti tri plemenite in nepremagljive podvige
he was able to fast, wait, and think
zmogel se je postiti, čakati in razmišljati
These had been his possessions; his power and strength
To je bilo njegovo premoženje; njegovo moč in moč

in the busy, laborious years of his youth, he had learned these three feats
v napornih, napornih letih svoje mladosti se je naučil teh treh podvigov
And now, his feats had abandoned him
In zdaj so ga njegovi podvigi zapustili
none of his feats were his any more
nobeden od njegovih podvigov ni bil več njegov
neither fasting, nor waiting, nor thinking
ne postiti, ne čakati, ne razmišljati
he had given them up for the most wretched things
dal jih je za najbednejše stvari
what is it that fades most quickly?
kaj najhitreje zbledi?
sensual lust, the good life, and riches!
čutno poželenje, dobro življenje in bogastvo!
His life had indeed been strange
Njegovo življenje je bilo res čudno
And now, so it seemed, he had really become a childlike person
In zdaj je, tako se je zdelo, res postal otročja oseba
Siddhartha thought about his situation
Siddhartha je razmišljal o svojem položaju
Thinking was hard for him now
Zdaj mu je bilo težko razmišljati
he did not really feel like thinking
ni mu bilo do misli
but he forced himself to think
vendar se je prisilil misliti
"all these most easily perishing things have slipped from me"
"vse te najlažje pokvarljive stvari so se mi izmuznile"
"again, now I'm standing here under the sun"
"spet, zdaj stojim tukaj pod soncem"
"I am standing here just like a little child"
"Tukaj stojim kot majhen otrok"

"nothing is mine, I have no abilities"
"nič ni moje, nimam sposobnosti"
"there is nothing I could bring about"
"ničesar ne bi mogel povzročiti"
"I have learned nothing from my life"
"Iz svojega življenja se nisem ničesar naučil"
"How wondrous all of this is!"
"Kako čudovito je vse to!"
"it's wondrous that I'm no longer young"
"čudovito je, da nisem več mlad"
"my hair is already half gray and my strength is fading"
"moji lasje so že na pol sivi in moja moč pojenja"
"and now I'm starting again at the beginning, as a child!"
"in zdaj spet začenjam na začetku, kot otrok!"
Again, he had to smile to himself
Spet se je moral nasmehniti sam pri sebi
Yes, his fate had been strange!
Ja, njegova usoda je bila čudna!
Things were going downhill with him
Z njim so šle stvari navzdol
and now he was again facing the world naked and stupid
in zdaj je spet stal pred svetom gol in neumen
But he could not feel sad about this
Vendar zaradi tega ni mogel biti žalosten
no, he even felt a great urge to laugh
ne, čutil je celo veliko željo po smehu
he felt an urge to laugh about himself
čutil je željo, da bi se smejal o sebi
he felt an urge to laugh about this strange, foolish world
čutil je željo, da bi se smejal temu čudnemu, neumnemu svetu
"Things are going downhill with you!" he said to himself
"Pri vas gredo stvari navzdol!" si je rekel
and he laughed about his situation
in smejal se je svoji situaciji
as he was saying it he happened to glance at the river
ko je to govoril, je slučajno pogledal v reko

and he also saw the river going downhill
in videl je tudi reko, ki se spušča navzdol
it was singing and being happy about everything
bilo je petje in veselje za vse
He liked this, and kindly he smiled at the river
To mu je bilo všeč in prijazno se je nasmehnil reki
Was this not the river in which he had intended to drown himself?
Ali ni bila to reka, v kateri se je nameraval utopiti?
in past times, a hundred years ago
v preteklih časih, pred sto leti
or had he dreamed this?
ali je to sanjal?
"Wondrous indeed was my life" he thought
"Moje življenje je bilo res čudovito," je pomislil
"my life has taken wondrous detours"
"moje življenje je ubralo čudovite ovinke"
"As a boy, I only dealt with gods and offerings"
"Kot deček sem imel opravka samo z bogovi in darovi"
"As a youth, I only dealt with asceticism"
"Kot mladost sem se ukvarjal samo z asketizmom"
"I spent my time in thinking and meditation"
"Čas sem preživel v razmišljanju in meditaciji"
"I was searching for Brahman
"Iskal sem Brahmana
"and I worshipped the eternal in the Atman"
"in častil sem večno v Atmanu"
"But as a young man, I followed the penitents"
"Kot mladenič pa sem sledil spokornikom"
"I lived in the forest and suffered heat and frost"
"Živel sem v gozdu in trpel vročino in mraz"
"there I learned how to overcome hunger"
"tam sem se naučil, kako premagati lakoto"
"and I taught my body to become dead"
"in svoje telo sem naučil, da postane mrtvo"
"Wonderfully, soon afterwards, insight came towards me"

"Čudovito, kmalu zatem pa je k meni prišel vpogled"
"insight in the form of the great Buddha's teachings"
"vpogled v obliki naukov velikega Bude"
"I felt the knowledge of the oneness of the world"
"Začutil sem spoznanje o enosti sveta"
"I felt it circling in me like my own blood"
"Čutil sem, da kroži v meni kot lastna kri"
"But I also had to leave Buddha and the great knowledge"
"Moral pa sem tudi zapustiti Budo in veliko znanje"
"I went and learned the art of love with Kamala"
"Šel sem in se naučil umetnosti ljubezni s Kamalo"
"I learned trading and business with Kamaswami"
"S Kamaswamijem sem se naučil trgovati in poslovati"
"I piled up money, and wasted it again"
"Nabral sem denar in ga spet zapravil"
"I learned to love my stomach and please my senses"
"Naučila sem se ljubiti svoj želodec in ugajati svojim čutom"
"I had to spend many years losing my spirit"
"Mnogo let sem moral izgubiti duha"
"and I had to unlearn thinking again"
"in spet sem se moral odvaditi razmišljanja"
"there I had forgotten the oneness"
"tam sem pozabil na enost"
"Isn't it just as if I had turned slowly from a man into a child"?
"Ali ni tako, kot da bi se iz moškega počasi spremenil v otroka"?
"from a thinker into a childlike person"
"iz misleca v otročjega človeka"
"And yet, this path has been very good"
"Pa vendar je bila ta pot zelo dobra"
"and yet, the bird in my chest has not died"
"pa vendar ptica v moji skrinji ni umrla"
"what a path has this been!"
"kakšna pot je to!"
"I had to pass through so much stupidity"

"Moral sem iti skozi toliko neumnosti"
"I had to pass through so much vice"
"Moral sem prestati toliko slabosti"
"I had to make so many errors"
"Moral sem narediti toliko napak"
"I had to feel so much disgust and disappointment"
"Moral sem čutiti toliko gnusa in razočaranja"
"I had to do all this to become a child again"
"Vse to sem moral narediti, da sem spet postal otrok"
"and then I could start over again"
"in potem bi lahko začel znova"
"But it was the right way to do it"
"Toda to je bil pravi način za to"
"my heart says yes to it and my eyes smile to it"
"moje srce temu pravi da in moje oči se mu smehljajo"
"I've had to experience despair"
"Moral sem doživeti obup"
"I've had to sink down to the most foolish of all thoughts"
"Moral sem se potopiti v najbolj neumno od vseh misli"
"I've had to think to the thoughts of suicide"
"Moral sem pomisliti na samomor"
"only then would I be able to experience divine grace"
"šele takrat bi lahko izkusil božjo milost"
"only then could I hear Om again"
"šele takrat sem lahko spet slišal Oma"
"only then would I be able to sleep properly and awake again"
"šele takrat bi lahko dobro spal in se spet zbudil"
"I had to become a fool, to find Atman in me again"
"Moral sem postati norec, da sem spet našel Atmana v sebi"
"I had to sin, to be able to live again"
"Moral sem grešiti, da sem lahko spet živel"
"Where else might my path lead me to?"
"Kam me še lahko zanese pot?"
"It is foolish, this path, it moves in loops"
"Neumno je, ta pot se giblje v zankah"

"perhaps it is going around in a circle"
"mogoče se vrti v krogu"
"Let this path go where it likes"
"Naj gre ta pot, kamor hoče"
"where ever this path goes, I want to follow it"
"Kamor koli gre ta pot, ji želim slediti"
he felt joy rolling like waves in his chest
čutil je veselje, ki se mu valja kot valovi v prsih
he asked his heart, "from where did you get this happiness?"
je vprašal svoje srce, "od kod ti ta sreča?"
"does it perhaps come from that long, good sleep?"
"ali morda prihaja od tega dolgega, dobrega spanca?"
"the sleep which has done me so much good"
"spanje, ki mi je tako dobro delalo"
"or does it come from the word Om, which I said?"
"ali prihaja iz besede Om, ki sem jo rekel?"
"Or does it come from the fact that I have escaped?"
"Ali prihaja od dejstva, da sem pobegnil?"
"does this happiness come from standing like a child under the sky?"
"ali ta sreča izvira iz tega, da stojiš kot otrok pod nebom?"
"Oh how good is it to have fled"
"Oh, kako dobro je pobegniti"
"it is great to have become free!"
"lepo je, da si postal svoboden!"
"How clean and beautiful the air here is"
"Kako čist in lep je zrak tukaj"
"the air is good to breath"
"zrak je dober za dihanje"
"where I ran away from everything smelled of ointments"
"kamor sem bežala, vse je dišalo po mazilih"
"spices, wine, excess, sloth"
"začimbe, vino, presežek, lenoba"
"How I hated this world of the rich"
"Kako sem sovražil ta svet bogatih"
"I hated those who revel in fine food and the gamblers!"

"Sovražil sem tiste, ki uživajo v dobri hrani, in hazarderje!"
"I hated myself for staying in this terrible world for so long!
"Sovražil sem se, ker sem tako dolgo ostal v tem groznem svetu!
"I have deprived, poisoned, and tortured myself"
"Samo sebe sem prikrajšal, zastrupil in mučil"
"I have made myself old and evil!"
"Naredil sem se starega in zlobnega!"
"No, I will never again do the things I liked doing so much"
"Ne, nikoli več ne bom počel stvari, ki sem jih tako rad počel"
"I won't delude myself into thinking that Siddhartha was wise!"
"Ne bom se slepal, da je bil Siddhartha moder!"
"But this one thing I have done well"
"Ampak tole stvar sem naredil dobro"
"this I like, this I must praise"
"to mi je všeč, to moram pohvaliti"
"I like that there is now an end to that hatred against myself"
"Všeč mi je, da je zdaj konec tega sovraštva do mene."
"there is an end to that foolish and dreary life!"
"konec je tega neumnega in turobnega življenja!"
"I praise you, Siddhartha, after so many years of foolishness"
"Slavim te, Siddhartha, po toliko letih neumnosti"
"you have once again had an idea"
"spet si imel idejo"
"you have heard the bird in your chest singing"
"slišal si petje ptice v svojih prsih"
"and you followed the song of the bird!"
"in sledil si ptičjemu petju!"
with these thoughts he praised himself
s temi mislimi se je pohvalil
he had found joy in himself again
spet je našel veselje v sebi
he listened curiously to his stomach rumbling with hunger
radovedno je poslušal, kako mu je od lakote krulilo v želodcu
he had tasted and spat out a piece of suffering and misery

okusil je in izpljunil košček trpljenja in bede
in these recent times and days, this is how he felt
v teh zadnjih časih in dneh se je tako počutil
he had devoured it up to the point of desperation and death
požrl ga je do točke obupa in smrti
how everything had happened was good
kako se je vse zgodilo, je bilo dobro
he could have stayed with Kamaswami for much longer
lahko bi ostal pri Kamaswamiju veliko dlje
he could have made more money, and then wasted it
lahko bi zaslužil več denarja in ga potem zapravil
he could have filled his stomach and let his soul die of thirst
lahko bi si napolnil želodec in pustil, da mu duša umre od žeje
he could have lived in this soft upholstered hell much longer
lahko bi živel v tem mehko oblazinjenem peklu veliko dlje
if this had not happened, he would have continued this life
če se to ne bi zgodilo, bi nadaljeval to življenje
the moment of complete hopelessness and despair
trenutek popolnega brezupa in obupa
the most extreme moment when he hung over the rushing waters
najbolj ekstremen trenutek, ko je visel nad deročo vodo
the moment he was ready to destroy himself
v trenutku, ko se je bil pripravljen uničiti
the moment he had felt this despair and deep disgust
v trenutku, ko je začutil ta obup in globok gnus
he had not succumbed to it
temu ni podlegel
the bird was still alive after all
ptič je bil kljub vsemu še živ
this was why he felt joy and laughed
zato je čutil veselje in se je smejal
this was why his face was smiling brightly under his hair
zato se je njegov obraz pod lasmi svetlo smehljal
his hair which had now turned gray

njegove lase, ki so zdaj postali sivi
"It is good," he thought, "to get a taste of everything for oneself"
»Dobro je,« je pomislil, »vse okusiti sam.«
"everything which one needs to know"
"vse, kar morate vedeti"
"lust for the world and riches do not belong to the good things"
"Poželenje po svetu in bogastvo ne spadata med dobre stvari"
"I have already learned this as a child"
"Tega sem se naučil že kot otrok"
"I have known it for a long time"
"Že dolgo vem"
"but I hadn't experienced it until now"
"vendar tega do sedaj še nisem doživel"
"And now that I I've experienced it I know it"
"In zdaj, ko sem to izkusil, vem"
"I don't just know it in my memory, but in my eyes, heart, and stomach"
"Ne vem samo v svojem spominu, ampak v svojih očeh, srcu in želodcu"
"it is good for me to know this!"
"dobro je, da to vem!"

For a long time, he pondered his transformation
Dolgo je razmišljal o svoji preobrazbi
he listened to the bird, as it sang for joy
poslušal je ptico, ko je pela od veselja
Had this bird not died in him?
Ali ni ta ptica umrla v njem?
had he not felt this bird's death?
ali ni čutil smrti te ptice?
No, something else from within him had died
Ne, nekaj drugega v njegovi notranjosti je umrlo
something which yearned to die had died
nekaj, kar je hrepenelo po smrti, je umrlo

Was it not this that he used to intend to kill?
Ali ni to tisto, kar je nameraval ubiti?
Was it not his his small, frightened, and proud self that had died?
Ali ni umrl njegov mali, prestrašeni in ponosni jaz?
he had wrestled with his self for so many years
toliko let se je boril sam s seboj
the self which had defeated him again and again
jaz, ki ga je znova in znova premagal
the self which was back again after every killing
jaz, ki se je vrnil po vsakem umoru
the self which prohibited joy and felt fear?
jaz, ki je prepovedoval veselje in čutil strah?
Was it not this self which today had finally come to its death?
Ali ni bil ta jaz tisti, ki je danes končno umrl?
here in the forest, by this lovely river
tukaj v gozdu, ob tej čudoviti reki
Was it not due to this death, that he was now like a child?
Ali ni bil zdaj kot otrok zaradi te smrti?
so full of trust and joy, without fear
tako poln zaupanja in veselja, brez strahu
Now Siddhartha also got some idea of why he had fought this self in vain
Zdaj je tudi Siddhartha dobil nekaj ideje o tem, zakaj se je zaman boril s tem jazom
he knew why he couldn't fight his self as a Brahman
vedel je, zakaj se ne more boriti proti sebi kot Brahmanu
Too much knowledge had held him back
Preveč znanja ga je zadrževalo
too many holy verses, sacrificial rules, and self-castigation
preveč svetih verzov, žrtvenih pravil in samokaznovanja
all these things held him back
vse te stvari so ga zadrževale
so much doing and striving for that goal!
toliko dela in prizadevanja za ta cilj!

he had been full of arrogance
bil je poln arogance
he was always the smartest
vedno je bil najpametnejši
he was always working the most
delal je vedno največ
he had always been one step ahead of all others
vedno je bil korak pred vsemi drugimi
he was always the knowing and spiritual one
vedno je bil vedoč in duhoven
he was always considered the priest or wise one
vedno je veljal za duhovnika ali modreca
his self had retreated into being a priest, arrogance, and spirituality
njegov jaz se je umaknil v duhovnika, aroganco in duhovnost
there it sat firmly and grew all this time
tam je trdno sedel in rasel ves ta čas
and he had thought he could kill it by fasting
in mislil je, da bi ga lahko ubil s postom
Now he saw his life as it had become
Zdaj je videl svoje življenje, kakršno je postalo
he saw that the secret voice had been right
videl je, da je imel tajni glas prav
no teacher would ever have been able to bring about his salvation
noben učitelj ne bi mogel doseči njegove odrešitve
Therefore, he had to go out into the world
Zato je moral v svet
he had to lose himself to lust and power
moral se je izgubiti zaradi poželenja in moči
he had to lose himself to women and money
moral se je izgubiti zaradi žensk in denarja
he had to become a merchant, a dice-gambler, a drinker
moral je postati trgovec, igralec na kocke, pivec
and he had to become a greedy person
in moral je postati pohlepen človek

he had to do this until the priest and Samana in him was dead
to je moral početi, dokler duhovnik in Samana v njem nista bila mrtva
Therefore, he had to continue bearing these ugly years
Zato je moral še naprej prenašati ta grda leta
he had to bear the disgust and the teachings
moral je prenašati gnus in nauke
he had to bear the pointlessness of a dreary and wasted life
prenašati je moral nesmisel turobnega in zapravljenega življenja
he had to conclude it up to its bitter end
moral jo je skleniti do bridkega konca
he had to do this until Siddhartha the lustful could also die
to je moral storiti, dokler Siddhartha poželjivec tudi ne bi umrl
He had died and a new Siddhartha had woken up from the sleep
Umrl je in iz spanja se je prebudil novi Siddhartha
this new Siddhartha would also grow old
ta novi Siddhartha bi se tudi postaral
he would also have to die eventually
na koncu bi moral tudi umreti
Siddhartha was still mortal, as is every physical form
Siddhartha je bil še vedno smrten, tako kot vsaka fizična oblika
But today he was young and a child and full of joy
Toda danes je bil mlad in otrok in poln veselja
He thought these thoughts to himself
Sam pri sebi je mislil te misli
he listened with a smile to his stomach
poslušal je z nasmeškom v trebuhu
he listened gratefully to a buzzing bee
hvaležno je poslušal brenčanje čebele
Cheerfully, he looked into the rushing river
Veselo je pogledal v deročo reko
he had never before liked a water as much as this one

še nikoli prej mu ni bila voda tako všeč kot ta
he had never before perceived the voice so stronger
še nikoli ni zaznal glasu tako močnejšega
he had never understood the parable of the moving water so strongly
nikoli ni tako močno razumel prilike o premikajoči se vodi
he had never before noticed how beautifully the river moved
nikoli prej ni opazil, kako lepo se giblje reka
It seemed to him, as if the river had something special to tell him
Zdelo se mu je, kot da mu ima reka povedati nekaj posebnega
something he did not know yet, which was still awaiting him
nekaj, česar še ni vedel, kar ga je še čakalo
In this river, Siddhartha had intended to drown himself
V tej reki se je Siddhartha nameraval utopiti
in this river the old, tired, desperate Siddhartha had drowned today
v tej reki se je danes utopil stari, utrujeni, obupani Siddhartha
But the new Siddhartha felt a deep love for this rushing water
Toda novi Siddhartha je čutil globoko ljubezen do te deroče vode
and he decided for himself, not to leave it very soon
in sam se je odločil, da ga ne bo kmalu zapustil

The Ferryman
Brodar

"By this river I want to stay," thought Siddhartha
"Ob tej reki želim ostati," je pomislil Siddhartha
"it is the same river which I have crossed a long time ago"
"to je ista reka, ki sem jo prečkal že dolgo nazaj"
"I was on my way to the childlike people"
"Bil sem na poti k otročjim ljudem"
"a friendly ferryman had guided me across the river"
"čez reko me je vodil prijazen brodar"
"he is the one I want to go to"
"on je tisti, h kateremu želim iti"
"starting out from his hut, my path led me to a new life"
"iz njegove koče me je pot vodila v novo življenje"
"a path which had grown old and is now dead"
"pot, ki se je postarala in je zdaj mrtva"
"my present path shall also take its start there!"
"tam se bo začela tudi moja sedanja pot!"
Tenderly, he looked into the rushing water
Nežno je pogledal v deročo vodo
he looked into the transparent green lines the water drew
pogledal je v prozorne zelene črte, ki jih je risala voda
the crystal lines of water were rich in secrets
kristalne linije vode so bile bogate s skrivnostmi
he saw bright pearls rising from the deep
videl je svetle bisere, ki so se dvigali iz globine
quiet bubbles of air floating on the reflecting surface
tihi mehurčki zraka, ki lebdijo na zrcalni površini
the blue of the sky depicted in the bubbles
modrina neba, upodobljena v mehurčkih
the river looked at him with a thousand eyes
reka ga je pogledala s tisočerimi očmi
the river had green eyes and white eyes
reka je imela zelene oči in bele oči
the river had crystal eyes and sky-blue eyes

reka je imela kristalne oči in nebeško modre oči
he loved this water very much, it delighted him
to vodo je imel zelo rad, veselila ga je
he was grateful to the water
je bil hvaležen vodi
In his heart he heard the voice talking
V svojem srcu je slišal glas, ki je govoril
"Love this water! Stay near it!"
"Obožujem to vodo! Ostanite blizu nje!"
"Learn from the water!" his voice commanded him
"Uči se od vode!" mu je veleval glas
Oh yes, he wanted to learn from it
O ja, želel se je učiti iz tega
he wanted to listen to the water
hotel je poslušati vodo
He who would understand this water's secrets
Tisti, ki bi razumel skrivnosti te vode
he would also understand many other things
razumel bi tudi marsikaj drugega
this is how it seemed to him
tako se mu je zdelo
But out of all secrets of the river, today he only saw one
Toda od vseh skrivnosti reke je danes videl samo eno
this secret touched his soul
ta skrivnost se je dotaknila njegove duše
this water ran and ran, incessantly
ta voda je tekla in tekla, neprenehoma
the water ran, but nevertheless it was always there
voda je tekla, a kljub temu je bila vedno tam
the water always, at all times, was the same
voda je bila vedno, ves čas enaka
and at the same time it was new in every moment
in hkrati je bil v vsakem trenutku nov
he who could grasp this would be great
tisti, ki bi to lahko dojel, bi bil odličen
but he didn't understand or grasp it

vendar tega ni razumel ali razumel
he only felt some idea of it stirring
čutil je samo neko idejo, da se meša
it was like a distant memory, a divine voices
bilo je kot oddaljeni spomin , božanski glasovi

Siddhartha rose as the workings of hunger in his body became unbearable
Siddhartha je vstal, ko je delovanje lakote v njegovem telesu postalo neznosno
In a daze he walked further away from the city
V omami se je oddaljil od mesta
he walked up the river along the path by the bank
šel je ob reki navzgor po stezi ob bregu
he listened to the current of the water
poslušal je tok vode
he listened to the rumbling hunger in his body
poslušal je ropotanje lakote v svojem telesu
When he reached the ferry, the boat was just arriving
Ko je prišel do trajekta, je čoln ravno prihajal
the same ferryman who had once transported the young Samana across the river
isti brodar, ki je nekoč prepeljal mlado Samano čez reko
he stood in the boat and Siddhartha recognised him
stal je v čolnu in Siddhartha ga je prepoznal
he had also aged very much
tudi postaral se je zelo
the ferryman was astonished to see such an elegant man walking on foot
brodar je bil začuden, ko je videl tako elegantnega človeka hoditi peš
"Would you like to ferry me over?" he asked
"Ali me želite prepeljati?" je vprašal
he took him into his boat and pushed it off the bank
vzel ga je v svoj čoln in ga potisnil z brega

"It's a beautiful life you have chosen for yourself" the passenger spoke
"Lepo življenje, ki si si ga sam izbral" je rekel potnik
"It must be beautiful to live by this water every day"
"Mora biti lepo vsak dan živeti ob tej vodi"
"and it must be beautiful to cruise on it on the river"
"in mora biti lepo križariti z njim po reki"
With a smile, the man at the oar moved from side to side
Veslač se je z nasmehom premikal z ene strani na drugo
"It is as beautiful as you say, sir"
"Tako lepo je, kot pravite, gospod"
"But isn't every life and all work beautiful?"
"A ni vsako življenje in vsako delo lepo?"
"This may be true" replied Siddhartha
"To je lahko res," je odgovoril Siddhartha
"But I envy you for your life"
"Ampak zavidam ti za tvoje življenje"
"Ah, you would soon stop enjoying it"
"Ah, kmalu bi nehal uživati"
"This is no work for people wearing fine clothes"
"To ni delo za ljudi, ki nosijo lepa oblačila"
Siddhartha laughed at the observation
Siddhartha se je zasmejal tej ugotovitvi
"Once before, I have been looked upon today because of my clothes"
"Enkrat že, danes so me gledali zaradi mojih oblačil"
"I have been looked upon with distrust"
"Na mene so gledali z nezaupanjem"
"they are a nuisance to me"
"so mi v nadlego"
"Wouldn't you, ferryman, like to accept these clothes"
"Ali ne bi, brodar, rad sprejel ta oblačila?"
"because you must know, I have no money to pay your fare"
"ker moraš vedeti, nimam denarja, da bi ti plačal vozovnico"
"You're joking, sir," the ferryman laughed
»Šalite se, gospod,« se je zasmejal brodar

"I'm not joking, friend"
"Ne šalim se, prijatelj"
"once before you have ferried me across this water in your boat"
"nekoč si me prepeljal čez to vodo v svojem čolnu"
"you did it for the immaterial reward of a good deed"
"to si naredil za nematerialno nagrado za dobro dejanje"
"ferry me across the river and accept my clothes for it"
"prepelji me čez reko in za to sprejmi moja oblačila"
"And do you, sir, intent to continue travelling without clothes?"
"In ali nameravate, gospod, nadaljevati potovanje brez oblačil?"
"Ah, most of all I wouldn't want to continue travelling at all"
"Ah, predvsem pa sploh ne bi želel nadaljevati potovanja"
"I would rather you gave me an old loincloth"
"Raje bi mi dal staro krpo"
"I would like it if you kept me with you as your assistant"
"Rad bi, če bi me obdržali kot pomočnika"
"or rather, I would like if you accepted me as your trainee"
"oziroma rad bi, če bi me sprejeli za svojega pripravnika"
"because first I'll have to learn how to handle the boat"
"ker se bom moral najprej naučiti ravnati s čolnom"
For a long time, the ferryman looked at the stranger
Brodar je dolgo gledal neznanca
he was searching in his memory for this strange man
v svojem spominu je iskal tega čudnega človeka
"Now I recognise you," he finally said
"Zdaj te prepoznam," je končno rekel
"At one time, you've slept in my hut"
"Nekoč si spal v moji koči"
"this was a long time ago, possibly more than twenty years"
"to je bilo dolgo nazaj, morda več kot dvajset let"
"and you've been ferried across the river by me"
"in jaz sem te prepeljal čez reko"
"that day we parted like good friends"

"tisti dan sva se razšla kot dobra prijatelja"
"Haven't you been a Samana?"
"Ali nisi bil Samana?"
"I can't think of your name anymore"
"Ne morem se več spomniti tvojega imena"
"My name is Siddhartha, and I was a Samana"
"Ime mi je Siddhartha in bil sem Samana"
"I had still been a Samana when you last saw me"
"Še vedno sem bil Samana, ko si me nazadnje videl"
"So be welcome, Siddhartha. My name is Vasudeva"
"Torej bodi dobrodošel, Siddhartha. Moje ime je Vasudeva"
"You will, so I hope, be my guest today as well"
"Upam, da boš tudi danes moj gost"
"and you may sleep in my hut"
"in lahko spiš v moji koči"
"and you may tell me, where you're coming from"
"in mi lahko poveš, od kod prihajaš"
"and you may tell me why these beautiful clothes are such a nuisance to you"
"in mi lahko poveš, zakaj te ta lepa oblačila tako motijo"
They had reached the middle of the river
Prišli so do sredine reke
Vasudeva pushed the oar with more strength
Vasudeva je še močneje potisnil veslo
in order to overcome the current
da bi premagal tok
He worked calmly, with brawny arms
Delal je mirno, z močnimi rokami
his eyes were fixed in on the front of the boat
njegove oči so bile uprte v sprednji del čolna
Siddhartha sat and watched him
Siddhartha je sedel in ga opazoval
he remembered his time as a Samana
spominjal se je svojega časa kot Samana
he remembered how love for this man had stirred in his heart

spomnil se je, kako se je zganila v njegovem srcu ljubezen do tega človeka
Gratefully, he accepted Vasudeva's invitation
S hvaležnostjo je sprejel Vasudevovo povabilo
When they had reached the bank, he helped him to tie the boat to the stakes
Ko sta prispela do brega, mu je pomagal privezati čoln na kolo
after this, the ferryman asked him to enter the hut
po tem ga je brodar prosil, naj vstopi v kočo
he offered him bread and water, and Siddhartha ate with eager pleasure
ponudil mu je kruh in vodo in Siddhartha je z veseljem jedel
and he also ate with eager pleasure of the mango fruits Vasudeva offered him
prav tako je z nestrpnim užitkom jedel sadeže manga, ki mu jih je ponudil Vasudeva

Afterwards, it was almost the time of the sunset
Potem je bil že skoraj čas sončnega zahoda
they sat on a log by the bank
sedela sta na hlodu ob bregu
Siddhartha told the ferryman about where he originally came from
Siddhartha je brodarju povedal, od kod izvira
he told him about his life as he had seen it today
pripovedoval mu je o svojem življenju, kakor ga je videl danes
the way he had seen it in that hour of despair
kakor ga je videl v tisti uri obupa
the tale of his life lasted late into the night
pravljica njegovega življenja je trajala pozno v noč
Vasudeva listened with great attention
Vasudeva je poslušal z veliko pozornostjo
Listening carefully, he let everything enter his mind
Pozorno je poslušal in pustil, da mu vse pride na misel
birthplace and childhood, all that learning
rojstni kraj in otroštvo, vse to učenje

all that searching, all joy, all distress
vse to iskanje, vsa radost, vsa stiska
This was one of the greatest virtues of the ferryman
To je bila ena največjih odlik brodarja
like only a few, he knew how to listen
kot le redki, je znal poslušati
he did not have to speak a word
ni mu bilo treba spregovoriti niti besede
but the speaker sensed how Vasudeva let his words enter his mind
toda govornik je začutil, kako je Vasudeva pustil, da njegove besede vstopijo v njegov um
his mind was quiet, open, and waiting
njegov um je bil tih, odprt in čakal
he did not lose a single word
ni izgubil niti ene besede
he did not await a single word with impatience
niti ene besede ni čakal z nestrpnostjo
he did not add his praise or rebuke
ni dodal svoje pohvale ali graje
he was just listening, and nothing else
samo poslušal je in nič drugega
Siddhartha felt what a happy fortune it is to confess to such a listener
Siddhartha je občutil, kakšna sreča je, če se izpoveš takemu poslušalcu
he felt fortunate to bury in his heart his own life
čutil je srečo, da je v svoje srce zakopal lastno življenje
he buried his own search and suffering
pokopal je lastno iskanje in trpljenje
he told the tale of Siddhartha's life
povedal je zgodbo o Siddharthinem življenju
when he spoke of the tree by the river
ko je govoril o drevesu ob reki
when he spoke of his deep fall
ko je govoril o svojem globokem padcu

when he spoke of the holy Om
ko je govoril o svetem Om
when he spoke of how he had felt such a love for the river
ko je govoril o tem, kako je čutil tako ljubezen do reke
the ferryman listened to these things with twice as much attention
brodar je te stvari poslušal z dvakrat večjo pozornostjo
he was entirely and completely absorbed by it
bil je v celoti in popolnoma prevzet
he was listening with his eyes closed
poslušal je z zaprtimi očmi
when Siddhartha fell silent a long silence occurred
ko je Siddhartha utihnil, je nastala dolga tišina
then Vasudeva spoke "It is as I thought"
nato je Vasudeva spregovoril "Tako je, kot sem mislil"
"The river has spoken to you"
"Reka ti je spregovorila"
"the river is your friend as well"
"reka je tudi tvoj prijatelj"
"the river speaks to you as well"
"reka govori tudi tebi"
"That is good, that is very good"
"To je dobro, to je zelo dobro"
"Stay with me, Siddhartha, my friend"
"Ostani z mano, Siddhartha, moj prijatelj"
"I used to have a wife"
"Nekoč sem imel ženo"
"her bed was next to mine"
"njena postelja je bila poleg moje"
"but she has died a long time ago"
"vendar je umrla že zdavnaj"
"for a long time, I have lived alone"
"dolgo časa sem živel sam"
"Now, you shall live with me"
"Zdaj boš živel pri meni"
"there is enough space and food for both of us"

"prostora in hrane je dovolj za oba"
"I thank you," said Siddhartha
"Zahvaljujem se ti," je rekel Siddhartha
"I thank you and accept"
"Zahvaljujem se in sprejemam"
"And I also thank you for this, Vasudeva"
"Za to se ti tudi zahvaljujem, Vasudeva"
"I thank you for listening to me so well"
"Hvala, ker ste me tako dobro poslušali"
"people who know how to listen are rare"
"Redki so ljudje, ki znajo poslušati"
"I have not met a single person who knew it as well as you do"
"Nisem srečal niti ene osebe, ki bi to vedela tako dobro kot ti"
"I will also learn in this respect from you"
"Tudi v tem pogledu se bom učil od vas"
"You will learn it," spoke Vasudeva
"Naučil se boš," je rekel Vasudeva
"but you will not learn it from me"
"vendar se tega ne boš naučil od mene"
"The river has taught me to listen"
"Reka me je naučila poslušati"
"you will learn to listen from the river as well"
"naučil se boš poslušati tudi reko"
"It knows everything, the river"
"Vse ve, reka"
"everything can be learned from the river"
"iz reke se da vsega naučiti"
"See, you've already learned this from the water too"
"Vidiš, tudi to si se že naučil iz vode"
"you have learned that it is good to strive downwards"
"naučil si se, da je dobro težiti navzdol"
"you have learned to sink and to seek depth"
"naučil si se potopiti in iskati globino"
"The rich and elegant Siddhartha is becoming an oarsman's servant"

"Bogati in elegantni Siddhartha postaja veslačev služabnik"
"the learned Brahman Siddhartha becomes a ferryman"
"učeni Brahman Siddhartha postane brodar"
"this has also been told to you by the river"
"tudi to ti je povedala reka"
"You'll learn the other thing from it as well"
"Iz tega se boš naučil tudi drugega"
Siddhartha spoke after a long pause
Siddhartha je spregovoril po dolgem premoru
"What other things will I learn, Vasudeva?"
"Katerih stvari se bom še naučil, Vasudeva?"
Vasudeva rose. "It is late," he said
Vasudeva je vstal. "Pozno je," je rekel
and Vasudeva proposed going to sleep
in Vasudeva je predlagal, da bi šel spat
"I can't tell you that other thing, oh friend"
"Tega drugega ti ne morem povedati, o prijatelj"
"You'll learn the other thing, or perhaps you know it already"
"Drugo se boš naučil ali pa morda že veš"
"See, I'm no learned man"
"Vidite, nisem učen človek"
"I have no special skill in speaking"
"Nimam posebnega govornega znanja"
"I also have no special skill in thinking"
"Tudi jaz nimam posebne sposobnosti razmišljanja"
"All I'm able to do is to listen and to be godly"
"Vse, kar zmorem, je poslušati in biti pobožen"
"I have learned nothing else"
"Nič drugega se nisem naučil"
"If I was able to say and teach it, I might be a wise man"
"Če bi lahko to povedal in učil, bi bil morda moder človek"
"but like this I am only a ferryman"
"ampak tako sem samo brodar"
"and it is my task to ferry people across the river"
"in moja naloga je prepeljati ljudi čez reko"

"I have transported many thousands of people"
"Prepeljal sem več tisoč ljudi"
"and to all of them, my river has been nothing but an obstacle"
"in za vse njih je bila moja reka le ovira"
"it was something that got in the way of their travels"
"to je bilo nekaj, kar jih je oviralo pri njihovih potovanjih"
"they travelled to seek money and business"
"potovali so iskat denar in posel"
"they travelled for weddings and pilgrimages"
"potovali so na poroke in romanja"
"and the river was obstructing their path"
"in reka jim je ovirala pot"
"the ferryman's job was to get them quickly across that obstacle"
"ladjevodjeva naloga je bila, da jih hitro spravi čez to oviro"
"But for some among thousands, a few, the river has stopped being an obstacle"
"Toda nekaterim med tisoči, nekaterim, reka ni več ovira"
"they have heard its voice and they have listened to it"
"slišali so njegov glas in so ga poslušali"
"and the river has become sacred to them"
"in reka jim je postala sveta"
"it become sacred to them as it has become sacred to me"
"postalo jim je sveto, kot je postalo sveto meni"
"for now, let us rest, Siddhartha"
"za zdaj počivajmo, Siddhartha"

Siddhartha stayed with the ferryman and learned to operate the boat
Siddhartha je ostal pri brodarju in se naučil upravljati čoln
when there was nothing to do at the ferry, he worked with Vasudeva in the rice-field
ko na trajektu ni imel kaj početi, je delal z Vasudevo na riževem polju
he gathered wood and plucked the fruit off the banana-trees

nabiral je drva in trgal sadje z bananovcev
He learned to build an oar and how to mend the boat
Naučil se je sestaviti veslo in popraviti čoln
he learned how to weave baskets and repaid the hut
naučil se je plesti košare in poplačal kočo
and he was joyful because of everything he learned
in bil je vesel zaradi vsega, kar se je naučil
the days and months passed quickly
dnevi in meseci so hitro minevali
But more than Vasudeva could teach him, he was taught by the river
Toda več kot ga je lahko naučil Vasudeva, ga je naučila reka
Incessantly, he learned from the river
Nenehno se je učil od reke
Most of all, he learned to listen
Predvsem pa se je naučil poslušati
he learned to pay close attention with a quiet heart
naučil se je biti pozoren s tihim srcem
he learned to keep a waiting, open soul
naučil se je ohraniti čakajočo, odprto dušo
he learned to listen without passion
naučil se je poslušati brez strasti
he learned to listen without a wish
naučil se je poslušati brez želje
he learned to listen without judgement
naučil se je poslušati brez obsojanja
he learned to listen without an opinion
naučil se je poslušati brez mnenja

In a friendly manner, he lived side by side with Vasudeva
Na prijateljski način je živel drug ob drugem z Vasudevo
occasionally they exchanged some words
občasno sta izmenjala kakšno besedo
then, at length, they thought about the words
nato pa so na dolgo razmišljali o besedah
Vasudeva was no friend of words

Vasudeva ni bil prijatelj besed
Siddhartha rarely succeeded in persuading him to speak
Siddhartha ga je le redko uspel prepričati, naj spregovori
"did you too learn that secret from the river?"
"si tudi ti izvedel tisto skrivnost iz reke?"
"the secret that there is no time?"
"skrivnost, da ni časa?"
Vasudeva's face was filled with a bright smile
Vasudevin obraz je bil napolnjen s sijočim nasmehom
"Yes, Siddhartha," he spoke
"Da, Siddhartha," je rekel
"I learned that the river is everywhere at once"
"Naučil sem se, da je reka povsod naenkrat"
"it is at the source and at the mouth of the river"
"je ob izviru in ob izlivu reke"
"it is at the waterfall and at the ferry"
"je pri slapu in pri trajektu"
"it is at the rapids and in the sea"
"je na brzicah in v morju"
"it is in the mountains and everywhere at once"
"je v gorah in povsod hkrati"
"and I learned that there is only the present time for the river"
"in izvedel sem, da za reko obstaja samo sedanji čas"
"it does not have the shadow of the past"
"nima sence preteklosti"
"and it does not have the shadow of the future"
"in nima sence prihodnosti"
"is this what you mean?" he asked
"to misliš?" je vprašal
"This is what I meant," said Siddhartha
"To sem mislil," je rekel Siddhartha
"And when I had learned it, I looked at my life"
"In ko sem se tega naučil, sem pogledal svoje življenje"
"and my life was also a river"
"in tudi moje življenje je bila reka"

"the boy Siddhartha was only separated from the man Siddhartha by a shadow"
"dečka Siddharto je od moškega Siddharto ločila le senca"
"and a shadow separated the man Siddhartha from the old man Siddhartha"
"in senca je ločila človeka Siddharto od starca Siddharto"
"things are separated by a shadow, not by something real"
"stvari ločuje senca, ne nekaj resničnega"
"Also, Siddhartha's previous births were not in the past"
"Prav tako Siddhartina prejšnja rojstva niso bila v preteklosti"
"and his death and his return to Brahma is not in the future"
"in njegova smrt in njegova vrnitev k Brahmi nista v prihodnosti"
"nothing was, nothing will be, but everything is"
"nič ni bilo, nič ne bo, a vse je"
"everything has existence and is present"
"vse obstaja in je prisotno"
Siddhartha spoke with ecstasy
Siddhartha je govoril z ekstazo
this enlightenment had delighted him deeply
to razsvetljenje ga je globoko razveselilo
"was not all suffering time?"
"ali ni bil vse čas trpljenja?"
"were not all forms of tormenting oneself a form of time?"
"ali niso bile vse oblike mučenja oblika časa?"
"was not everything hard and hostile because of time?"
"ali ni bilo vse težko in sovražno zaradi časa?"
"is not everything evil overcome when one overcomes time?"
"ali ni vse zlo premagano, ko premagamo čas?"
"as soon as time leaves the mind, does suffering leave too?"
"takoj ko čas zapusti um, zapusti tudi trpljenje?"
Siddhartha had spoken in ecstatic delight
Siddhartha je govoril v ekstatičnem veselju
but Vasudeva smiled at him brightly and nodded in confirmation

toda Vasudeva se mu je svetlo nasmehnil in prikimal v potrditev
silently he nodded and brushed his hand over Siddhartha's shoulder
tiho je pokimal in z roko potegnil Siddharthino ramo
and then he turned back to his work
nato pa se je vrnil k svojemu delu

And Siddhartha asked Vasudeva again another time
In Siddhartha je vprašal Vasudevo drugič
the river had just increased its flow in the rainy season
reka je pravkar povečala svoj pretok v deževnem obdobju
and it made a powerful noise
in povzročil je močan hrup
"Isn't it so, oh friend, the river has many voices?"
"Ali ni tako, o prijatelj, reka ima veliko glasov?"
"Hasn't it the voice of a king and of a warrior?"
"Ali ni to glas kralja in bojevnika?"
"Hasn't it the voice of of a bull and of a bird of the night?"
"Ali ni to glas bika in nočne ptice?"
"Hasn't it the voice of a woman giving birth and of a sighing man?"
"Ali ni to glas ženske, ki rojeva, in vzdihljivega moža?"
"and does it not also have a thousand other voices?"
"in ali nima tudi tisoč drugih glasov?"
"it is as you say it is," Vasudeva nodded
"tako je, kot praviš, da je," je prikimal Vasudeva
"all voices of the creatures are in its voice"
"vsi glasovi bitij so v njenem glasu"
"And do you know..." Siddhartha continued
"In ali veš ..." je nadaljeval Siddhartha
"what word does it speak when you succeed in hearing all of voices at once?"
"kakšno besedo izgovori, ko ti uspe slišati vse glasove hkrati?"
Happily, Vasudeva's face was smiling
Vasudevin obraz se je srečno smejal

he bent over to Siddhartha and spoke the holy Om into his ear
sklonil se je k Siddharti in mu na uho spregovoril sveti Om
And this had been the very thing which Siddhartha had also been hearing
In to je bila stvar, ki jo je slišal tudi Siddhartha

time after time, his smile became more similar to the ferryman's
vedno znova je bil njegov nasmeh bolj podoben brodarjevemu
his smile became almost just as bright as the ferryman's
njegov nasmeh je postal skoraj tako sijoč kot brodarjev
it was almost just as thoroughly glowing with bliss
skoraj enako temeljito je žarelo od blaženosti
shining out of thousand small wrinkles
sije iz tisočih majhnih gubic
just like the smile of a child
tako kot otroški nasmeh
just like the smile of an old man
tako kot nasmeh starca
Many travellers, seeing the two ferrymen, thought they were brothers
Mnogi popotniki so ob pogledu na dva brodarja mislili, da sta brata
Often, they sat in the evening together by the bank
Pogosto sta zvečer skupaj sedela ob bregu
they said nothing and both listened to the water
nista rekla nič in oba sta poslušala vodo
the water, which was not water to them
vodo, ki jim ni bila voda
it wasn't water, but the voice of life
to ni bila voda, ampak glas življenja
the voice of what exists and what is eternally taking shape
glas tega, kar obstaja in kar se večno oblikuje
it happened from time to time that both thought of the same thing

od časa do časa se je zgodilo, da sta oba pomislila na isto
they thought of a conversation from the day before
pomislila sta na pogovor iz prejšnjega dne
they thought of one of their travellers
so pomislili na enega svojih popotnikov
they thought of death and their childhood
mislili so na smrt in svoje otroštvo
they heard the river tell them the same thing
slišali so, da jim reka govori isto
both delighted about the same answer to the same question
oba navdušena nad enakim odgovorom na isto vprašanje
There was something about the two ferrymen which was transmitted to others
Nekaj je bilo na dveh trajektih, kar je bilo posredovano drugim
it was something which many of the travellers felt
to je bilo nekaj, kar so čutili številni popotniki
travellers would occasionally look at the faces of the ferrymen
popotniki so občasno pogledali v obraze brodovljarjev
and then they told the story of their life
nato pa so povedali zgodbo svojega življenja
they confessed all sorts of evil things
priznavali so vse mogoče hude stvari
and they asked for comfort and advice
in so prosili za tolažbo in nasvet
occasionally someone asked for permission to stay for a night
občasno je kdo prosil za dovoljenje, da prenoči
they also wanted to listen to the river
želeli so poslušati tudi reko
It also happened that curious people came
Zgodilo se je tudi, da so prišli radovedneži
they had been told that there were two wise men
povedali so jim, da obstajata dva modreca
or they had been told there were two sorcerers
ali pa jim je bilo rečeno, da obstajata dva čarovnika

The curious people asked many questions
Radovedneži so postavljali številna vprašanja
but they got no answers to their questions
vendar na svoja vprašanja niso dobili odgovorov
they found neither sorcerers nor wise men
niso našli ne čarovnikov ne modrecev
they only found two friendly little old men, who seemed to be mute
našli so le dva prijazna starčka, ki sta bila videti nema
they seemed to have become a bit strange in the forest by themselves
zdelo se je, da so v gozdu sami po sebi postali malo čudni
And the curious people laughed about what they had heard
In radovedneži so se smejali temu, kar so slišali
they said common people were foolishly spreading empty rumours
rekli so, da navadni ljudje nespametno širijo prazne govorice

The years passed by, and nobody counted them
Leta so minevala, nihče jih ni štel
Then, at one time, monks came by on a pilgrimage
Nekoč so mimo prišli menihi na romanje
they were followers of Gotama, the Buddha
bili so privrženci Gotame, Bude
they asked to be ferried across the river
prosili so, da jih prepeljejo čez reko
they told them they were in a hurry to get back to their wise teacher
povedali so jim, da se jim mudi nazaj k svojemu modremu učitelju
news had spread the exalted one was deadly sick
novice so se razširile, vzvišeni je bil smrtno bolan
he would soon die his last human death
kmalu bi umrl svojo zadnjo človeško smrt
in order to become one with the salvation
da bi postal eno z odrešenjem

It was not long until a new flock of monks came
Ni bilo dolgo, ko je prišla nova čreda menihov
they were also on their pilgrimage
bili tudi na njihovem romanju
most of the travellers spoke of nothing other than Gotama
večina popotnikov ni govorila o ničemer drugem kot o Gotami
his impending death was all they thought about
mislili so le na njegovo bližajočo se smrt
if there had been war, just as many would travel
če bi bila vojna, bi prav toliko potovalo
just as many would come to the coronation of a king
prav toliko bi jih prišlo na kronanje kralja
they gathered like ants in droves
zbrali so se kakor mravlje v tropih
they flocked, like being drawn onwards by a magic spell
zgrinjali so se, kot da bi jih vlekel naprej čarovniški urok
they went to where the great Buddha was awaiting his death
šli so tja, kjer je veliki Buda čakal na svojo smrt
the perfected one of an era was to become one with the glory
izpopolnjeni v obdobju naj bi postal eno s slavo
Often, Siddhartha thought in those days of the dying wise man
Siddhartha je v tistih dneh pogosto razmišljal o umirajočem modrecu
the great teacher whose voice had admonished nations
veliki učitelj, čigar glas je opominjal narode
the one who had awoken hundreds of thousands
tisti, ki je prebudil na stotine tisočev
a man whose voice he had also once heard
človek, čigar glas je nekoč tudi slišal
a teacher whose holy face he had also once seen with respect
učitelj, čigar sveti obraz je tudi on nekoč spoštljivo gledal
Kindly, he thought of him
Prijazno, je pomislil nanj
he saw his path to perfection before his eyes
pred očmi je videl svojo pot do popolnosti

and he remembered with a smile those words he had said to him
in se je z nasmehom spomnil tistih besed, ki mu jih je rekel
when he was a young man and spoke to the exalted one
ko je bil mladenič in je govoril z vzvišenim
They had been, so it seemed to him, proud and precious words
Bile so, tako se mu je zdelo, ponosne in dragocene besede
with a smile, he remembered the the words
z nasmehom se je spomnil besed
he knew that there was nothing standing between Gotama and him any more
vedel je, da med Gotamo in njim ne stoji nič več
he had known this for a long time already
to je vedel že dolgo časa
though he was still unable to accept his teachings
čeprav še vedno ni mogel sprejeti njegovih naukov
there was no teaching a truly searching person
ni bilo poučevanja resnično iščeče osebe
someone who truly wanted to find, could accept
nekdo, ki je resnično želel najti, je lahko sprejel
But he who had found the answer could approve of any teaching
Toda tisti, ki je našel odgovor, je lahko odobril vsak nauk
every path, every goal, they were all the same
vsaka pot, vsak cilj, vsi so bili enaki
there was nothing standing between him and all the other thousands any more
nič več ni stalo med njim in vsemi drugimi tisoči
the thousands who lived in that what is eternal
tisoči, ki so živeli v tistem, kar je večno
the thousands who breathed what is divine
tisoči, ki so dihali, kar je božansko

On one of these days, Kamala also went to him
Nekega od teh dni je šla k njemu tudi Kamala

she used to be the most beautiful of the courtesans
včasih je bila najlepša med kurtizanami
A long time ago, she had retired from her previous life
Že zdavnaj se je umaknila iz prejšnjega življenja
she had given her garden to the monks of Gotama as a gift
svoj vrt je podarila menihom Gotame kot darilo
she had taken her refuge in the teachings
zatekla se je v nauke
she was among the friends and benefactors of the pilgrims
bila je med prijatelji in dobrotniki romarjev
she was together with Siddhartha, the boy
bila je skupaj s Siddharto, dečkom
Siddhartha the boy was her son
Deček Siddhartha je bil njen sin
she had gone on her way due to the news of the near death of Gotama
odšla je na pot zaradi novice o skorajšnji smrti Gotame
she was in simple clothes and on foot
bila je v preprostih oblačilih in peš
and she was With her little son
in bila je s svojim sinčkom
she was travelling by the river
potovala je ob reki
but the boy had soon grown tired
a fant se je kmalu utrudil
he desired to go back home
želel se je vrniti domov
he desired to rest and eat
hotel je počivati in jesti
he became disobedient and started whining
postal je neposlušen in začel cviliti
Kamala often had to take a rest with him
Kamala je morala pogosto počivati z njim
he was accustomed to getting what he wanted
navajen je bil dobiti, kar hoče
she had to feed him and comfort him

morala ga je hraniti in tolažiti
she had to scold him for his behaviour
morala ga je grajati zaradi njegovega obnašanja
He did not comprehend why he had to go on this exhausting pilgrimage
Ni mu bilo jasno, zakaj je moral iti na to naporno romanje
he did not know why he had to go to an unknown place
ni vedel, zakaj mora iti neznano kam
he did know why he had to see a holy dying stranger
vedel je, zakaj mora videti svetega umirajočega tujca
"So what if he died?" he complained
"Pa kaj, če je umrl?" je potožil
why should this concern him?
zakaj bi ga moralo to skrbeti?
The pilgrims were getting close to Vasudeva's ferry
Romarji so se bližali Vasudevinemu trajektu
little Siddhartha once again forced his mother to rest
mali Siddhartha je ponovno prisilil svojo mamo k počitku
Kamala had also become tired
Tudi Kamala je postala utrujena
while the boy was chewing a banana, she crouched down on the ground
medtem ko je deček žvečil banano, je počepnila na tla
she closed her eyes a bit and rested
malo je zaprla oči in počivala
But suddenly, she uttered a wailing scream
Toda nenadoma je zajokala
the boy looked at her in fear
deček jo je prestrašeno pogledal
he saw her face had grown pale from horror
videl je, da ji je obraz prebledel od groze
and from under her dress, a small, black snake fled
in izpod njene obleke je zbežala majhna črna kača
a snake by which Kamala had been bitten
kača, ki jo je ugriznila Kamala
Hurriedly, they both ran along the path, to reach people

Oba sta naglo tekla po poti, da bi dosegla ljudi
they got near to the ferry and Kamala collapsed
približali so se trajektu in Kamala se je zgrudila
she was not able to go any further
ni mogla naprej
the boy started crying miserably
deček je začel žalostno jokati
his cries were only interrupted when he kissed his mother
njegov jok je prekinil šele, ko je poljubil mamo
she also joined his loud screams for help
se je njegovim glasnim krikom na pomoč pridružila tudi
she screamed until the sound reached Vasudeva's ears
je kričala, dokler zvok ni prišel do Vasudevinih ušes
Vasudeva quickly came and took the woman on his arms
Vasudeva je hitro prišel in vzel žensko na roke
he carried her into the boat and the boy ran along
odnesel jo je v čoln in fant je tekel zraven
soon they reached the hut, where Siddhartha stood by the stove
kmalu so prispeli do koče, kjer je ob peči stal Siddhartha
he was just lighting the fire
le zakuril je ogenj
He looked up and first saw the boy's face
Dvignil je pogled in najprej zagledal dečkov obraz
it wondrously reminded him of something
čudovito ga je spominjalo na nekaj
like a warning to remember something he had forgotten
kot opozorilo, naj se spomni nečesa, kar je pozabil
Then he saw Kamala, whom he instantly recognised
Nato je zagledal Kamalo, ki jo je takoj prepoznal
she lay unconscious in the ferryman's arms
nezavestna je ležala v rokah brodarja
now he knew that it was his own son
zdaj je vedel, da je to njegov lastni sin
his son whose face had been such a warning reminder to him

njegov sin, čigar obraz mu je bil tako opozorilni opomin
and the heart stirred in his chest
in srce se mu je zganilo v prsih
Kamala's wound was washed, but had already turned black
Kamalina rana je bila oprana, a je že počrnela
and her body was swollen
in njeno telo je oteklo
she was made to drink a healing potion
dali so ji piti zdravilni napitek
Her consciousness returned and she lay on Siddhartha's bed
Njena zavest se je vrnila in ležala je na Siddharthini postelji
Siddhartha stood over Kamala, who he used to love so much
Siddhartha je stal nad Kamalo, ki jo je imel tako rad
It seemed like a dream to her
Zdelo se ji je kot v sanjah
with a smile, she looked at her friend's face
z nasmeškom je pogledala prijateljičin obraz
slowly she realized her situation
počasi je spoznala svoj položaj
she remembered she had been bitten
spomnila se je, da je bila ugriznjena
and she timidly called for her son
in plaho je poklicala sina
"He's with you, don't worry," said Siddhartha
»S tabo je, ne skrbi,« je rekel Siddhartha
Kamala looked into his eyes
Kamala ga je pogledala v oči
She spoke with a heavy tongue, paralysed by the poison
Govorila je s težkim jezikom, ohromljena od strupa
"You've become old, my dear," she said
»Postal si, dragi moj,« je rekla
"you've become gray," she added
"Postal si siv," je dodala
"But you are like the young Samana, who came without clothes"
"Ampak ti si kot mladi Samana, ki je prišel brez oblačil"

- 218 -

"you're like the Samana who came into my garden with dusty feet"
"ti si kot Samana, ki je prišla na moj vrt s prašnimi nogami"
"You are much more like him than you were when you left me"
"Veliko bolj si mu podoben kot takrat, ko si me zapustil"
"In the eyes, you're like him, Siddhartha"
"V očeh si kot on, Siddhartha"
"Alas, I have also grown old"
"Ojej, tudi jaz sem se postaral"
"could you still recognise me?"
"me še lahko prepoznaš?"
Siddhartha smiled, "Instantly, I recognised you, Kamala, my dear"
Siddhartha se je nasmehnil: "V trenutku sem te prepoznal, Kamala, draga moja."
Kamala pointed to her boy
Kamala je pokazala na svojega fanta
"Did you recognise him as well?"
"Ste ga tudi vi prepoznali?"
"He is your son," she confirmed
»On je tvoj sin,« je potrdila
Her eyes became confused and fell shut
Njene oči so postale zmedene in so se zaprle
The boy wept and Siddhartha took him on his knees
Deček je zajokal in Siddhartha ga je vzel na kolena
he let him weep and petted his hair
pustil ga je jokati in ga božal po laseh
at the sight of the child's face, a Brahman prayer came to his mind
ob pogledu na otroški obraz mu je prišla na misel brahmanska molitev
a prayer which he had learned a long time ago
molitev, ki se je je davno naučil
a time when he had been a little boy himself
čas, ko je bil sam majhen deček

Slowly, with a singing voice, he started to speak
Počasi, s pojočim glasom je začel govoriti
from his past and childhood, the words came flowing to him
iz preteklosti in otroštva so mu prišle besede
And with that song, the boy became calm
In ob tej pesmi se je deček umiril
he was only now and then uttering a sob
le tu in tam je zahlipal
and finally he fell asleep
in končno je zaspal
Siddhartha placed him on Vasudeva's bed
Siddhartha ga je položil na Vasudevo posteljo
Vasudeva stood by the stove and cooked rice
Vasudeva je stal ob štedilniku in kuhal riž
Siddhartha gave him a look, which he returned with a smile
Siddhartha ga je pogledal, ta pa mu je vrnil z nasmehom
"She'll die," Siddhartha said quietly
"Umrla bo," je tiho rekel Siddhartha
Vasudeva knew it was true, and nodded
Vasudeva je vedel, da je res, in je prikimal
over his friendly face ran the light of the stove's fire
po njegovem prijaznem obrazu je tekla svetloba ognja iz peči
once again, Kamala returned to consciousness
spet se je Kamala vrnila k zavesti
the pain of the poison distorted her face
bolečina strupa ji je izkrivila obraz
Siddhartha's eyes read the suffering on her mouth
Siddharthine oči berejo trpljenje na njenih ustih
from her pale cheeks he could see that she was suffering
iz njenih bledih lic je videl, da trpi
Quietly, he read the pain in her eyes
Tiho je prebral bolečino v njenih očeh
attentively, waiting, his mind become one with her suffering
pozorno, čakajoč, njegov um postane eno z njenim trpljenjem
Kamala felt it and her gaze sought his eyes
Kamala je to začutila in njen pogled je iskal njegove oči

Looking at him, she spoke
Ko ga je pogledala, je spregovorila
"Now I see that your eyes have changed as well"
"Zdaj vidim, da so se tudi tvoje oči spremenile"
"They've become completely different"
"Postali so popolnoma drugačni"
"what do I still recognise in you that is Siddhartha?
"Kaj še prepoznam v tebi, da je Siddharta?
"It's you, and it's not you"
"To si ti in to nisi ti"
Siddhartha said nothing, quietly his eyes looked at hers
Siddhartha ni rekel ničesar, njegove oči so tiho pogledale njene
"You have achieved it?" she asked
"Ste ga dosegli?" je vprašala
"You have found peace?"
"Ste našli mir?"
He smiled and placed his hand on hers
Nasmehnil se je in položil svojo roko na njeno
"I'm seeing it" she said
"Vidim," je rekla
"I too will find peace"
"Tudi jaz bom našel mir"
"You have found it," Siddhartha spoke in a whisper
"Našel si ga," je šepetaje rekel Siddhartha
Kamala never stopped looking into his eyes
Kamala ga ni nehala gledati v oči
She thought about her pilgrimage to Gotama
Razmišljala je o svojem romanju v Gotamo
the pilgrimage which she wanted to take
romanje, na katerega se je želela podati
in order to see the face of the perfected one
da bi videl obraz izpopolnjenega
in order to breathe his peace
da bi zadihala njegov mir
but she had now found it in another place
zdaj pa ga je našla na drugem mestu

and this she thought that was good too
in to se ji je tudi zdelo dobro
it was just as good as if she had seen the other one
bilo je prav tako dobro, kot če bi videla drugega
She wanted to tell this to him
To mu je hotela povedati
but her tongue no longer obeyed her will
a njen jezik ni več ubogal njene volje
Without speaking, she looked at him
Brez besed ga je pogledala
he saw the life fading from her eyes
videl je življenje, ki bledi iz njenih oči
the final pain filled her eyes and made them grow dim
končna bolečina je napolnila njene oči in jih zatemnila
the final shiver ran through her limbs
zadnji drhtaj ji je prešel skozi ude
his finger closed her eyelids
njegov prst je zaprl njene veke

For a long time, he sat and looked at her peacefully dead face
Dolgo je sedel in gledal njen mirno mrtev obraz
For a long time, he observed her mouth
Dolgo je opazoval njena usta
her old, tired mouth, with those lips, which had become thin
njena stara, utrujena usta, s tistimi ustnicami, ki so postale tanke
he remembered he used to compare this mouth with a freshly cracked fig
spomnil se je, da je ta usta primerjal s pravkar nalomljeno figo
this was in the spring of his years
to je bilo spomladi njegovih let
For a long time, he sat and read the pale face
Dolgo je sedel in bral bledi obraz
he read the tired wrinkles
bral je utrujene gube

he filled himself with this sight
napolnil se je s tem pogledom
he saw his own face in the same manner
videl je svoj obraz na enak način
he saw his face was just as white
videl je, da je njegov obraz prav tako bel
he saw his face was just as quenched out
videl je, da je njegov obraz prav tako ugasnil
at the same time he saw his face and hers being young
hkrati je videl svoj in njen obraz, da sta mlada
their faces with red lips and fiery eyes
njihovi obrazi z rdečimi ustnicami in ognjenimi očmi
the feeling of both being real at the same time
občutek, da sta obe resnični hkrati
the feeling of eternity completely filled every aspect of his being
občutek večnosti je popolnoma napolnil vse vidike njegovega bitja
in this hour he felt more deeply than than he had ever felt before
v tej uri je čutil globlje, nego je čutil kdaj prej
he felt the indestructibility of every life
čutil je neuničljivost vsakega življenja
he felt the eternity of every moment
čutil je večnost vsakega trenutka
When he rose, Vasudeva had prepared rice for him
Ko je vstal, mu je Vasudeva pripravil riž
But Siddhartha did not eat that night
Toda Siddhartha to noč ni jedel
In the stable their goat stood
V hlevu je stala njihova koza
the two old men prepared beds of straw for themselves
starca sta si pripravila ležišča iz slame
Vasudeva laid himself down to sleep
Vasudeva je legel spat
But Siddhartha went outside and sat before the hut

Toda Siddhartha je šel ven in sedel pred kočo
he listened to the river, surrounded by the past
prisluhnil je reki, obdan s preteklostjo
he was touched and encircled by all times of his life at the same time
dotaknila in obkrožila so ga vsi časi njegovega življenja hkrati
occasionally he rose and he stepped to the door of the hut
občasno je vstal in stopil do vrat koče
he listened whether the boy was sleeping
poslušal je, ali fant spi

before the sun could be seen, Vasudeva came out of the stable
preden se je videlo sonce, je Vasudeva prišel iz hleva
he walked over to his friend
stopil je do svojega prijatelja
"You haven't slept," he said
»Nisi spal,« je rekel
"No, Vasudeva. I sat here"
"Ne, Vasudeva. Sedel sem tukaj"
"I was listening to the river"
"Poslušal sem reko"
"the river has told me a lot"
"reka mi je veliko povedala"
"it has deeply filled me with the healing thought of oneness"
"globoko me je napolnilo z zdravilno mislijo o enosti"
"You've experienced suffering, Siddhartha"
"Izkusil si trpljenje, Siddhartha"
"but I see no sadness has entered your heart"
"ampak vidim, da nobena žalost ni stopila v tvoje srce"
"No, my dear, how should I be sad?"
"Ne, draga moja, kako naj bom žalostna?"
"I, who have been rich and happy"
"Jaz, ki sem bil bogat in srečen"
"I have become even richer and happier now"
"Zdaj sem postal še bogatejši in srečnejši"

"My son has been given to me"
"Sin mi je bil dan"
"Your son shall be welcome to me as well"
"Tudi vaš sin bo dobrodošel pri meni"
"But now, Siddhartha, let's get to work"
"Zdaj pa, Siddhartha, pojdimo na delo"
"there is much to be done"
"veliko je treba narediti"
"Kamala has died on the same bed on which my wife had died"
"Kamala je umrla na isti postelji, na kateri je umrla moja žena"
"Let us build Kamala's funeral pile on the hill"
"Na hribu zgradimo Kamalino pogrebno kolo"
"the hill on which I my wife's funeral pile is"
"hrib, na katerem je pogreb moje žene"
While the boy was still asleep, they built the funeral pile
Ko je deček še spal, so postavili nagrobni kup

The Son
Sin

Timid and weeping, the boy had attended his mother's funeral
Plašen in objokan se je deček udeležil materinega pogreba
gloomy and shy, he had listened to Siddhartha
mračen in sramežljiv je poslušal Siddharto
Siddhartha greeted him as his son
Siddhartha ga je pozdravil kot svojega sina
he welcomed him at his place in Vasudeva's hut
sprejel ga je na svojem mestu v Vasudevini koči
Pale, he sat for many days by the hill of the dead
Bled je sedel več dni ob hribu mrtvih
he did not want to eat
ni hotel jesti
he did not look at anyone
nikogar ni pogledal
he did not open his heart
ni odprl srca
he met his fate with resistance and denial
svojo usodo je dočakal z odporom in zanikanjem
Siddhartha spared giving him lessons
Siddhartha mu je prihranil lekcije
and he let him do as he pleased
in pustil mu je, da dela, kar hoče
Siddhartha honoured his son's mourning
Siddhartha je počastil sinovo žalovanje
he understood that his son did not know him
razumel je, da ga sin ne pozna
he understood that he could not love him like a father
razumel je, da ga ne more ljubiti kot očeta
Slowly, he also understood that the eleven-year-old was a pampered boy
Počasi je tudi razumel, da je enajstletnik razvajenec
he saw that he was a mother's boy

videl je, da je mamin sinček
he saw that he had grown up in the habits of rich people
videl je, da je zrasel v navadah bogatašev
he was accustomed to finer food and a soft bed
vajen je bil finejše hrane in mehke postelje
he was accustomed to giving orders to servants
vajen je bil ukazovati hlapcem
the mourning child could not suddenly be content with a life among strangers
žalujoči otrok se nenadoma ni mogel zadovoljiti z življenjem med tujci
Siddhartha understood the pampered child would not willingly be in poverty
Siddhartha je razumel, da razvajeni otrok ne bo prostovoljno v revščini
He did not force him to do these these things
Ni ga silil v te stvari
Siddhartha did many chores for the boy
Siddhartha je opravil veliko opravil za dečka
he always saved the best piece of the meal for him
vedno mu je prihranil najboljši kos jedi
Slowly, he hoped to win him over, by friendly patience
Počasi je upal, da ga bo pridobil s prijateljsko potrpežljivostjo
Rich and happy, he had called himself, when the boy had come to him
Bogat in srečen, si je rekel, ko je fant prišel k njemu
Since then some time had passed
Od takrat je minilo nekaj časa
but the boy remained a stranger and in a gloomy disposition
deček pa je ostal tujec in mračne volje
he displayed a proud and stubbornly disobedient heart
pokazal je ponosno in trmasto neposlušno srce
he did not want to do any work
ni hotel opravljati nobenega dela
he did not pay his respect to the old men
starcem ni izkazoval spoštovanja

he stole from Vasudeva's fruit-trees
ukradel je iz Vasudevinega sadnega drevja
his son had not brought him happiness and peace
njegov sin mu ni prinesel sreče in miru
the boy had brought him suffering and worry
fant mu je prinesel trpljenje in skrbi
slowly Siddhartha began to understand this
Siddhartha je to počasi začel razumeti
But he loved him regardless of the suffering he brought him
Toda ljubil ga je ne glede na trpljenje, ki mu ga je prinesel
he preferred the suffering and worries of love over happiness and joy without the boy
trpljenje in skrbi ljubezni je imel raje kot srečo in veselje brez fanta
from when young Siddhartha was in the hut the old men had split the work
od takrat, ko je bil mladi Siddhartha v koči, so si starci razdelili delo
Vasudeva had again taken on the job of the ferryman
Vasudeva je ponovno prevzel delo brodarja
and Siddhartha, in order to be with his son, did the work in the hut and the field
in Siddhartha je, da bi bil s svojim sinom, opravljal delo v koči in na polju

for long months Siddhartha waited for his son to understand him
dolge mesece je Siddhartha čakal, da ga bo njegov sin razumel
he waited for him to accept his love
čakal je, da sprejme njegovo ljubezen
and he waited for his son to perhaps reciprocate his love
in čakal je, da mu bo sin morda povrnil ljubezen
For long months Vasudeva waited, watching
Dolge mesece je Vasudeva čakal in opazoval
he waited and said nothing
čakal je in ni rekel ničesar

One day, young Siddhartha tormented his father very much
Nekega dne je mladi Siddhartha zelo mučil svojega očeta
he had broken both of his rice-bowls
razbil je obe skledi za riž
Vasudeva took his friend aside and talked to him
Vasudeva je svojega prijatelja odpeljal na stran in se z njim pogovarjal
"**Pardon me,**" he said to Siddhartha
"Oprosti mi," je rekel Siddharti
"**from a friendly heart, I'm talking to you**"
"iz prijaznega srca ti govorim"
"**I'm seeing that you are tormenting yourself**"
"Vidim, da se mučiš"
"**I'm seeing that you're in grief**"
"Vidim, da si v žalosti"
"**Your son, my dear, is worrying you**"
"Vaš sin, dragi moj, vas skrbi"
"**and he is also worrying me**"
"in tudi on me skrbi"
"**That young bird is accustomed to a different life**"
"Ta mlada ptica je navajena na drugačno življenje"
"**he is used to living in a different nest**"
"navajen je živeti v drugem gnezdu"
"**he has not, like you, run away from riches and the city**"
"ni tako kot ti pobegnil od bogastva in mesta"
"**he was not disgusted and fed up with the life in Sansara**"
"ni bil zgrožen in sit življenja v Sansari"
"**he had to do all these things against his will**"
"vse te stvari je moral početi proti svoji volji"
"**he had to leave all this behind**"
"vse to je moral pustiti za seboj"
"**I asked the river, oh friend**"
"Vprašal sem reko, o prijatelj"
"**many times I have asked the river**"
"Velikokrat sem vprašal reko"
"**But the river laughs at all of this**"

"A reka se vsemu temu smeji."
"it laughs at me and it laughs at you"
"smeji se meni in smeji se tebi"
"the river is shaking with laughter at our foolishness"
"reka se trese od smeha naši neumnosti"
"Water wants to join water as youth wants to join youth"
"Voda se hoče združiti z vodo, kot se želi mladina združiti z mladimi"
"your son is not in the place where he can prosper"
"vaš sin ni tam, kjer bi lahko uspeval"
"you too should ask the river"
"tudi ti bi moral vprašati reko"
"you too should listen to it!"
"Tudi ti bi ga moral poslušati!"
Troubled, Siddhartha looked into his friendly face
Zaskrbljeni Siddhartha se je zazrl v njegov prijazen obraz
he looked at the many wrinkles in which there was incessant cheerfulness
ogledoval je mnoge gube, v katerih je bila neprestana veselost
"How could I part with him?" he said quietly, ashamed
"Kako bi se lahko ločila od njega?" je rekel tiho, osramočen
"Give me some more time, my dear"
"Daj mi še nekaj časa, draga"
"See, I'm fighting for him"
"Glej, borim se zanj"
"I'm seeking to win his heart"
"Želim osvojiti njegovo srce"
"with love and with friendly patience I intend to capture it"
"z ljubeznijo in prijateljsko potrpežljivostjo ga nameravam ujeti"
"One day, the river shall also talk to him"
"Nekega dne bo reka govorila tudi z njim"
"he also is called upon"
"tudi on je poklican"
Vasudeva's smile flourished more warmly
Vasudevin nasmeh je bolj topel

"Oh yes, he too is called upon"
"O ja, tudi on je poklican"
"he too is of the eternal life"
"tudi on je večnega življenja"
"But do we, you and me, know what he is called upon to do?"
"Ali mi, ti in jaz, vemo, kaj je poklican storiti?"
"we know what path to take and what actions to perform"
"vemo, katero pot ubrati in katere ukrepe izvesti"
"we know what pain we have to endure"
"vemo, kakšno bolečino moramo prestati"
"but does he know these things?"
"a pozna te stvari?"
"Not a small one, his pain will be"
"Ni majhna, njegova bolečina bo"
"after all, his heart is proud and hard"
"navsezadnje je njegovo srce ponosno in trdo"
"people like this have to suffer and err a lot"
"Takšni ljudje morajo veliko trpeti in delati napake"
"they have to do much injustice"
"storiti morajo veliko krivico"
"and they have burden themselves with much sin"
"in naložili so si veliko greha"
"Tell me, my dear," he asked of Siddhartha
"Povej mi, draga moja," je vprašal Siddharto
"you're not taking control of your son's upbringing?"
"ne prevzamete nadzora nad vzgojo svojega sina?"
"You don't force him, beat him, or punish him?"
"Ga ne siliš, tepeš ali kaznuješ?"
"No, Vasudeva, I don't do any of these things"
"Ne, Vasudeva, ne počnem ničesar od tega"
"I knew it. You don't force him"
"Vedel sem. Ne siliš ga"
"you don't beat him and you don't give him orders"
"ne tepeš ga in mu ne ukazuješ"
"because you know softness is stronger than hard"

"ker veš, da je mehkoba močnejša od trde"
"you know water is stronger than rocks"
"veš, da je voda močnejša od kamenja"
"and you know love is stronger than force"
"in veš, da je ljubezen močnejša od sile"
"Very good, I praise you for this"
"Zelo dobro, pohvalim te za to"
"But aren't you mistaken in some way?"
"Ampak ali se ne motite na nek način?"
"don't you think that you are forcing him?"
"se ti ne zdi, da ga siliš?"
"don't you perhaps punish him a different way?"
"ali ga morda ne kaznujete drugače?"
"Don't you shackle him with your love?"
"Ali ga ne vklenete s svojo ljubeznijo?"
"Don't you make him feel inferior every day?"
"Ali se zaradi njega ne počutiš manjvrednega vsak dan?"
"doesn't your kindness and patience make it even harder for him?"
"ali mu zaradi tvoje prijaznosti in potrpežljivosti ni še težje?"
"aren't you forcing him to live in a hut with two old banana-eaters?"
"ga ne siliš živeti v koči z dvema starima bananojedcema?"
"old men to whom even rice is a delicacy"
"starci, ki jim je tudi riž poslastica"
"old men whose thoughts can't be his"
"starci, katerih misli ne morejo biti njegove"
"old men whose hearts are old and quiet"
"starci, katerih srce je staro in tiho"
"old men whose hearts beat in a different pace than his"
"starci, katerih srce bije drugače kot njegovo"
"Isn't he forced and punished by all this?""
"Ali ni z vsem tem prisiljen in kaznovan?"
Troubled, Siddhartha looked to the ground
V zaskrbljenosti je Siddhartha pogledal v tla
Quietly, he asked, "What do you think should I do?"

Tiho je vprašal: "Kaj misliš, da naj storim?"
Vasudeva spoke, "Bring him into the city"
Vasudeva je spregovoril: "Pripeljite ga v mesto"
"bring him into his mother's house"
"peljite ga v hišo njegove matere"
"there'll still be servants around, give him to them"
"še vedno bodo služabniki, dajte ga njim"
"And if there aren't any servants, bring him to a teacher"
"In če ni služabnikov, ga pripelji k učitelju."
"but don't bring him to a teacher for teachings' sake"
"vendar ga ne pripelji k učitelju zaradi naukov"
"bring him to a teacher so that he is among other children"
"peljite ga k učiteljici, da bo med drugimi otroki"
"and bring him to the world which is his own"
"in ga pripelji v svet, ki je njegov"
"have you never thought of this?"
"si nikoli pomislil na to?"
"you're seeing into my heart," Siddhartha spoke sadly
"Vidiš v moje srce," je žalostno rekel Siddhartha
"Often, I have thought of this"
"Pogosto sem razmišljal o tem"
"but how can I put him into this world?"
"ampak kako naj ga spravim v ta svet?"
"Won't he become exuberant?"
"Ali ne bo postal razposajen?"
"won't he lose himself to pleasure and power?"
"se ne bo izgubil zaradi užitka in moči?"
"won't he repeat all of his father's mistakes?"
"ali ne bo ponovil vseh očetovih napak?"
"won't he perhaps get entirely lost in Sansara?"
"ali se ne bo morda čisto izgubil v Sansari?"
Brightly, the ferryman's smile lit up
Svetlo je zažarel nasmeh brodarja
softly, he touched Siddhartha's arm
nežno se je dotaknil Siddhartine roke
"Ask the river about it, my friend!"

"Vprašaj reko o tem, prijatelj!"
"Hear the river laugh about it!"
"Poslušajte, kako se reka smeji o tem!"
"Would you actually believe that you had committed your foolish acts?
"Bi res verjel, da si zagrešil svoja neumna dejanja?
"in order to spare your son from committing them too"
"da bi obvaroval svojega sina, da jih tudi ne stori"
"And could you in any way protect your son from Sansara?"
"Ali bi lahko kakor koli zaščitil svojega sina pred Sansaro?"
"How could you protect him from Sansara?"
"Kako bi ga lahko zaščitil pred Sansaro?"
"By means of teachings, prayer, admonition?"
"Z naukom, molitvijo, opominom?"
"My dear, have you entirely forgotten that story?"
"Draga moja, si čisto pozabil to zgodbo?"
"the story containing so many lessons"
"zgodba, ki vsebuje toliko lekcij"
"the story about Siddhartha, a Brahman's son"
"zgodba o Siddharti, Brahmanovem sinu"
"the story which you once told me here on this very spot?"
"zgodba, ki si mi jo nekoč povedal tukaj na tem mestu?"
"Who has kept the Samana Siddhartha safe from Sansara?"
"Kdo je obvaroval Samana Siddharto pred Sansaro?"
"who has kept him from sin, greed, and foolishness?"
"kdo ga je obvaroval greha, pohlepa in neumnosti?"
"Were his father's religious devotion able to keep him safe?
»Ali ga je očetova verska predanost lahko obvarovala?
"were his teacher's warnings able to keep him safe?"
"ali so ga učiteljeva opozorila lahko obvarovala?"
"could his own knowledge keep him safe?"
"bi ga lahko njegovo lastno znanje obvarovalo?"
"was his own search able to keep him safe?"
"ga je njegovo lastno iskanje lahko obvarovalo?"
"What father has been able to protect his son?"
"Kateremu očetu je uspelo zaščititi svojega sina?"

"**what father could keep his son from living his life for himself?**"
"kateri oče bi lahko svojemu sinu preprečil, da živi svoje življenje zase?"
"**what teacher has been able to protect his student?**"
"kateremu učitelju je uspelo zaščititi svojega učenca?"
"**what teacher can stop his student from soiling himself with life?**"
"kateri učitelj lahko prepreči svojemu učencu, da se ne umaže z življenjem?"
"**who could stop him from burdening himself with guilt?**"
"kdo bi mu preprečil, da se ne obremenjuje s krivdo?"
"**who could stop him from drinking the bitter drink for himself?**"
"kdo bi mu lahko preprečil, da sam ne bi pil grenko pijačo?"
"**who could stop him from finding his path for himself?**"
"kdo bi mu lahko preprečil, da bi sam našel svojo pot?"
"**did you think anybody could be spared from taking this path?**"
"si mislil, da bi lahko komu prihranili to pot?"
"**did you think that perhaps your little son would be spared?**"
"si mislil, da bo morda tvojemu sinčku prizaneseno?"
"**did you think your love could do all that?**"
"si mislil, da tvoja ljubezen zmore vse to?"
"**did you think your love could keep him from suffering**"
"si mislil, da mu bo tvoja ljubezen preprečila trpljenje"
"**did you think your love could protect him from pain and disappointment?**
"si mislil, da ga bo tvoja ljubezen lahko zaščitila pred bolečino in razočaranjem?
"**you could die ten times for him**"
"lahko bi desetkrat umrl zanj"
"**but you could take no part of his destiny upon yourself**"
"vendar ne bi mogel vzeti nobenega dela njegove usode nase"
Never before, Vasudeva had spoken so many words

Še nikoli prej Vasudeva ni spregovoril toliko besed
Kindly, Siddhartha thanked him
Siddhartha se mu je prijazno zahvalil
he went troubled into the hut
težavno je šel v kočo

he could not sleep for a long time
dolgo ni mogel spati
Vasudeva had told him nothing he had not already thought and known
Vasudeva mu ni povedal ničesar, česar ne bi že mislil in vedel
But this was a knowledge he could not act upon
Toda to je bilo znanje, na katerega ni mogel ukrepati
stronger than knowledge was his love for the boy
močnejša od spoznanja je bila njegova ljubezen do fanta
stronger than knowledge was his tenderness
močnejša od spoznanja je bila njegova nežnost
stronger than knowledge was his fear to lose him
močnejši od spoznanja je bil njegov strah, da bi ga izgubil
had he ever lost his heart so much to something?
ali mu je kdaj zaradi nečesa tako padlo srce?
had he ever loved any person so blindly?
je že kdaj tako slepo ljubil katero osebo?
had he ever suffered for someone so unsuccessfully?
je že kdaj tako neuspešno trpel za kom?
had he ever made such sacrifices for anyone and yet been so unhappy?
se je kdaj za koga tako žrtvoval in je bil kljub temu tako nesrečen?
Siddhartha could not heed his friend's advice
Siddhartha ni mogel upoštevati prijateljevega nasveta
he could not give up the boy
fantu se ni mogel odreči
He let the boy give him orders
Dovolil je fantu, da mu je ukazoval
he let him disregard him

pustil mu je, da ga ne upošteva
He said nothing and waited
Nič ni rekel in čakal
daily, he attempted the struggle of friendliness
vsak dan se je poskušal boriti s prijaznostjo
he initiated the silent war of patience
sprožil je tiho vojno potrpljenja
Vasudeva also said nothing and waited
Tudi Vasudeva ni rekel ničesar in je čakal
They were both masters of patience
Oba sta bila mojstra potrpežljivosti

one time the boy's face reminded him very much of Kamala
nekoč ga je dečkov obraz zelo spominjal na Kamalo
Siddhartha suddenly had to think of something Kamala had once said
Siddhartha je nenadoma moral pomisliti na nekaj, kar je nekoč rekla Kamala
"You cannot love" she had said to him
"Ne moreš ljubiti," mu je rekla
and he had agreed with her
in se je strinjal z njo
and he had compared himself with a star
in primerjal se je z zvezdo
and he had compared the childlike people with falling leaves
in otročje podobne ljudi je primerjal z odpadajočim listjem
but nevertheless, he had also sensed an accusation in that line
vendar je kljub temu zaznal tudi obtožbo v tej vrstici
Indeed, he had never been able to love
Pravzaprav nikoli ni mogel ljubiti
he had never been able to devote himself completely to another person
nikoli se ni mogel popolnoma posvetiti drugi osebi
he had never been able to to forget himself

nikoli se ni mogel pozabiti
he had never been able to commit foolish acts for the love of another person
nikoli ni bil sposoben zagrešiti neumnosti iz ljubezni do druge osebe
at that time it seemed to set him apart from the childlike people
takrat se je zdelo, da ga loči od otročjih ljudi
But ever since his son was here, Siddhartha also become a childlike person
Toda odkar je bil njegov sin tukaj, je tudi Siddhartha postal otročja oseba
he was suffering for the sake of another person
trpel je zaradi druge osebe
he was loving another person
ljubil je drugo osebo
he was lost to a love for someone else
bil je izgubljen zaradi ljubezni do nekoga drugega
he had become a fool on account of love
postal je norec zaradi ljubezni
Now he too felt the strongest and strangest of all passions
Zdaj je tudi on čutil najmočnejšo in najčudnejšo izmed vseh strasti
he suffered from this passion miserably
trpel je zaradi te strasti bedno
and he was nevertheless in bliss
in bil je kljub temu v blaženosti
he was nevertheless renewed in one respect
v enem pogledu je bil kljub temu prenovljen
he was enriched by this one thing
je bil obogaten s to eno stvarjo
He sensed very well that this blind love for his son was a passion
Čutil je zelo dobro, da je ta slepa ljubezen do sina strast
he knew that it was something very human
vedel je, da je to nekaj zelo človeškega

he knew that it was Sansara
vedel je, da je to Sansara
he knew that it was a murky source, dark waters
vedel je, da je to moten izvir, temne vode
but he felt it was not worthless, but necessary
vendar je čutil, da ni ničvredno, ampak nujno
it came from the essence of his own being
izhajalo je iz bistva njegove lastne biti
This pleasure also had to be atoned for
Tudi to zadovoljstvo je bilo treba odkupiti
this pain also had to be endured
tudi to bolečino je bilo treba potrpeti
these foolish acts also had to be committed
ta nespametna dejanja je bilo tudi treba storiti
Through all this, the son let him commit his foolish acts
Ob vsem tem mu je sin dovolil, da je zagrešil svoja nespametna dejanja
he let him court for his affection
pustil mu je dvoriti za njegovo naklonjenost
he let him humiliate himself every day
pustil mu je, da se vsak dan ponižuje
he gave in to the moods of his son
vdal se je razpoloženju svojega sina
his father had nothing which could have delighted him
njegov oče ni imel ničesar, kar bi ga lahko razveselilo
and he nothing that the boy feared
in nič takega, česar se je fant bal
He was a good man, this father
Bil je dober človek, ta oče
he was a good, kind, soft man
bil je dober, prijazen, mehak človek
perhaps he was a very devout man
morda je bil zelo pobožen človek
perhaps he was a saint, the boy thought
morda je bil svetnik, je pomislil fant
but all these attributes could not win the boy over

vendar vsi ti atributi fanta niso mogli osvojiti
He was bored by this father, who kept him imprisoned
Dolgočasil ga je ta oče, ki ga je držal zaprtega
a prisoner in this miserable hut of his
ujetnik v tej njegovi bedni koči
he was bored of him answering every naughtiness with a smile
dolgčas mu je bilo, da je na vsako porednost odgovoril z nasmehom
he didn't appreciate insults being responded to by friendliness
ni cenil žalitev, če se nanje odzove s prijaznostjo
he didn't like viciousness returned in kindness
ni maral hudobnosti, ki se vrača v prijaznosti
this very thing was the hated trick of this old sneak
prav to je bil osovraženi trik tega starega prikradca
Much more the boy would have liked it if he had been threatened by him
Veliko bolj bi bilo fantu všeč, če bi mu grozil on
he wanted to be abused by him
ga je hotel zlorabiti

A day came when young Siddhartha had had enough
Prišel je dan, ko je imel mladi Siddhartha dovolj
what was on his mind came bursting forth
kar je bilo v njegovih mislih, je izbruhnilo
and he openly turned against his father
in se odkrito obrnil proti očetu
Siddhartha had given him a task
Siddhartha mu je dal nalogo
he had told him to gather brushwood
rekel mu je, naj nabere grmovja
But the boy did not leave the hut
Toda fant ni zapustil koče
in stubborn disobedience and rage, he stayed where he was
v trdovratni nepokorščini in besu je ostal, kjer je bil

he thumped on the ground with his feet
je tolkel z nogami po tleh
he clenched his fists and screamed in a powerful outburst
je stisnil pesti in zakričal v močnem izbruhu
he screamed his hatred and contempt into his father's face
je zakričal svoje sovraštvo in prezir očetu v obraz
"Get the brushwood for yourself!" he shouted, foaming at the mouth
"Priskrbite si grmičevje!" je kričal s peno na ustih
"I'm not your servant"
"Nisem tvoj služabnik"
"I know that you won't hit me, you wouldn't dare"
"Vem, da me ne boš udaril, ne bi si upal"
"I know that you constantly want to punish me"
"Vem, da me nenehno želiš kaznovati"
"you want to put me down with your religious devotion and your indulgence"
"hočeš me ponižati s svojo versko predanostjo in popustljivostjo"
"You want me to become like you"
"Želiš, da postanem kot ti"
"you want me to be just as devout, soft, and wise as you"
"hočeš, da sem tako pobožen, mehak in moder kot ti"
"but I won't do it, just to make you suffer"
"vendar tega ne bom naredil, samo zato, da boš trpel"
"I would rather become a highway-robber than be as soft as you"
"Raje bi postal cestni ropar, kot da bi bil mehak kot ti"
"I would rather be a murderer than be as wise as you"
"Raje bi bil morilec, kot da bi bil tako moder kot ti"
"I would rather go to hell, than to become like you!"
"Raje bi šel v pekel, kot da bi postal kot ti!"
"I hate you, you're not my father
"Sovražim te, ti nisi moj oče
"even if you've slept with my mother ten times, you are not my father!"

"Tudi če si desetkrat spal z mojo mamo, nisi moj oče!"
Rage and grief boiled over in him
Jeza in žalost sta vrela v njem
he foamed at his father in a hundred savage and evil words
se je penil očetu v sto divjih in zlobnih besedah
Then the boy ran away into the forest
Nato je deček pobegnil v gozd
it was late at night when the boy returned
bila je pozna noč, ko se je fant vrnil
But the next morning, he had disappeared
Toda naslednje jutro je izginil
What had also disappeared was a small basket
Izginila je tudi majhna košara
the basket in which the ferrymen kept those copper and silver coins
košaro, v kateri so brodarji hranili te bakrene in srebrnike
the coins which they received as a fare
kovance, ki so jih prejeli kot voznino
The boat had also disappeared
Izginil je tudi čoln
Siddhartha saw the boat lying by the opposite bank
Siddhartha je videl čoln, ki leži na nasprotnem bregu
Siddhartha had been shivering with grief
Siddhartha se je tresel od žalosti
the ranting speeches the boy had made touched him
tarnajoči govori, ki jih je imel fant, so se ga dotaknili
"I must follow him," said Siddhartha
"Moram mu slediti," je rekel Siddhartha
"A child can't go through the forest all alone, he'll perish"
"Otrok ne more sam skozi gozd, bo poginil"
"We must build a raft, Vasudeva, to get over the water"
"Moramo zgraditi splav, Vasudeva, da preplavimo vodo"
"We will build a raft" said Vasudeva
"Zgradili bomo splav," je rekel Vasudeva
"we will build it to get our boat back"
"zgradili ga bomo, da dobimo naš čoln nazaj"

"But you shall not run after your child, my friend"
"Ampak ne boš tekel za svojim otrokom, prijatelj moj"
"he is no child anymore"
"ni več otrok"
"he knows how to get around"
"zna, kako se premikati"
"He's looking for the path to the city"
"Išče pot v mesto"
"and he is right, don't forget that"
"in ima prav, ne pozabi tega"
"he's doing what you've failed to do yourself"
"počne tisto, kar vam ni uspelo narediti samemu"
"he's taking care of himself"
"on skrbi zase"
"he's taking his course for himself"
"jema tečaj zase"
"Alas, Siddhartha, I see you suffering"
"Oh, Siddhartha, vidim te, kako trpiš"
"but you're suffering a pain at which one would like to laugh"
"ti pa trpiš bolečino, ob kateri bi se človek rad smejal"
"you're suffering a pain at which you'll soon laugh yourself"
"trpiš bolečino, ki se ji boš kmalu smejal"
Siddhartha did not answer his friend
Siddhartha svojemu prijatelju ni odgovoril
He already held the axe in his hands
Sekiro je že držal v rokah
and he began to make a raft of bamboo
in začel je izdelovati splav iz bambusa
Vasudeva helped him to tie the canes together with ropes of grass
Vasudeva mu je pomagal zvezati palice skupaj z vrvmi iz trave
When they crossed the river they drifted far off their course
Ko so prečkali reko, so zašli daleč stran od svojega toka
they pulled the raft upriver on the opposite bank

potegnili so splav navzgor na nasprotni breg
"Why did you take the axe along?" asked Siddhartha
"Zakaj si vzel sekiro?" je vprašal Siddhartha
"It might have been possible that the oar of our boat got lost"
"Mogoče je bilo, da se je veslo našega čolna izgubilo"
But Siddhartha knew what his friend was thinking
Toda Siddhartha je vedel, kaj njegov prijatelj misli
He thought, the boy would have thrown away the oar
Mislil je, da bi deček odvrgel veslo
in order to get some kind of revenge
da bi se nekako maščevali
and in order to keep them from following him
in da bi jim preprečil, da bi mu sledili
And in fact, there was no oar left in the boat
In v resnici v čolnu ni bilo več vesla
Vasudeva pointed to the bottom of the boat
Vasudeva je pokazal na dno čolna
and he looked at his friend with a smile
in z nasmehom je pogledal prijatelja
he smiled as if he wanted to say something
se je nasmehnil, kot bi hotel nekaj povedati
"Don't you see what your son is trying to tell you?"
"Ali ne vidiš, kaj ti hoče sin povedati?"
"Don't you see that he doesn't want to be followed?"
"Ali ne vidite, da noče slediti?"
But he did not say this in words
A tega ni povedal z besedami
He started making a new oar
Začel je izdelovati novo veslo
But Siddhartha bid his farewell, to look for the run-away
Toda Siddhartha se je poslovil, da bi iskal pobeglega
Vasudeva did not stop him from looking for his child
Vasudeva mu ni preprečil, da bi iskal svojega otroka

Siddhartha had been walking through the forest for a long time

Siddhartha je dolgo hodil po gozdu
the thought occurred to him that his search was useless
prešinila se mu je misel, da je njegovo iskanje zaman
Either the boy was far ahead and had already reached the city
Ali je bil fant daleč spredaj in je že dosegel mesto
or he would conceal himself from him
ali pa bi se mu skril
he continued thinking about his son
je še naprej razmišljal o sinu
he found that he was not worried for his son
ugotovil je, da ga za sina ne skrbi
he knew deep inside that he had not perished
globoko v sebi je vedel, da ni poginil
nor was he in any danger in the forest
tudi v gozdu ni bil v nevarnosti
Nevertheless, he ran without stopping
Kljub temu je tekel brez ustavljanja
he was not running to save him
ni tekel, da bi ga rešil
he was running to satisfy his desire
tekel je, da bi zadovoljil svojo željo
he wanted to perhaps see him one more time
želel ga je morda še enkrat videti
And he ran up to just outside of the city
In stekel je tik pred mestom
When, near the city, he reached a wide road
Ko je blizu mesta prišel do široke ceste
he stopped, by the entrance of the beautiful pleasure-garden
ustavil se je ob vhodu v čudovit vrt za uživanje
the garden which used to belong to Kamala
vrt, ki je pripadal Kamali
the garden where he had seen her for the first time
vrt, kjer jo je videl prvič
when she was sitting in her sedan-chair
ko je sedela v svojem limuzinskem stolu

The past rose up in his soul
Preteklost je vstala v njegovi duši
again, he saw himself standing there
spet se je videl stati tam
a young, bearded, naked Samana
mlada, bradata, gola Samana
his hair hair was full of dust
njegovi lasje so bili polni prahu
For a long time, Siddhartha stood there
Siddhartha je dolgo stal tam
he looked through the open gate into the garden
pogledal je skozi odprta vrata na vrt
he saw monks in yellow robes walking among the beautiful trees
zagledal je menihe v rumenih oblačilih, ki so se sprehajali med lepimi drevesi
For a long time, he stood there, pondering
Dolgo je stal tam in premišljeval
he saw images and listened to the story of his life
videl je podobe in poslušal zgodbo svojega življenja
For a long time, he stood there looking at the monks
Dolgo je stal tam in gledal menihe
he saw young Siddhartha in their place
namesto njih je videl mladega Siddharto
he saw young Kamala walking among the high trees
videl je mlado Kamalo, kako se sprehaja med visokimi drevesi
Clearly, he saw himself being served food and drink by Kamala
Očitno je videl, kako mu Kamala streže hrano in pijačo
he saw himself receiving his first kiss from her
videl se je, kako od nje prejema svoj prvi poljub
he saw himself looking proudly and disdainfully back on his life as a Brahman
videl se je, kako ponosno in prezirljivo gleda nazaj na svoje življenje kot Brahman

he saw himself beginning his worldly life, proudly and full of desire
videl se je na začetku svojega posvetnega življenja, ponosen in poln želja
He saw Kamaswami, the servants, the orgies
Videl je Kamaswamija, služabnike, orgije
he saw the gamblers with the dice
videl je hazarderje s kockami
he saw Kamala's song-bird in the cage
v kletki je videl Kamalino ptico pevko
he lived through all this again
vse to je še enkrat preživel
he breathed Sansara and was once again old and tired
dihal je Sansaro in bil spet star in utrujen
he felt the disgust and the wish to annihilate himself again
čutil je gnus in željo, da bi se spet uničil
and he was healed again by the holy Om
in spet ga je ozdravil sveti Om
for a long time Siddhartha had stood by the gate
dolgo časa je Siddhartha stal pri vratih
he realised his desire was foolish
spoznal je, da je njegova želja neumna
he realized it was foolishness which had made him go up to this place
spoznal je, da je bila neumnost tista, zaradi katere je šel na to mesto
he realized he could not help his son
spoznal je, da sinu ne more pomagati
and he realized that he was not allowed to cling to him
in spoznal je, da se ga ne sme oklepati
he felt the love for the run-away deeply in his heart
globoko v srcu je čutil ljubezen do bega
the love for his son felt like a wound
ljubezen do sina je čutil kot rano
but this wound had not been given to him in order to turn the knife in it

toda ta rana mu ni bila dana, da bi vanjo vrtel nož
the wound had to become a blossom
rana je morala postati cvet
and his wound had to shine
in njegova rana je morala svetiti
That this wound did not blossom or shine yet made him sad
Da ta rana še ni zacvetela ali zasijala, ga je razžalostilo
Instead of the desired goal, there was emptiness
Namesto želenega cilja je nastala praznina
emptiness had drawn him here, and sadly he sat down
praznina ga je vlekla sem, in žalosten je sedel
he felt something dying in his heart
čutil je, da mu nekaj umira v srcu
he experienced emptiness and saw no joy any more
izkusil je praznino in ni videl več veselja
there was no goal for which to aim for
ni bilo cilja, h kateremu bi si prizadeval
He sat lost in thought and waited
Sedel je zamišljen in čakal
This he had learned by the river
To se je naučil ob reki
waiting, having patience, listening attentively
čakanje, potrpežljivost, pozorno poslušanje
And he sat and listened, in the dust of the road
In sedel je in poslušal, v prahu na cesti
he listened to his heart, beating tiredly and sadly
poslušal je svoje srce, utripajoče utrujeno in žalostno
and he waited for a voice
in čakal je na glas
Many an hour he crouched, listening
Veliko ur je čepel in poslušal
he saw no images any more
ni videl nobene slike več
he fell into emptiness and let himself fall
padel je v praznino in se prepustil padcu
he could see no path in front of him

ni mogel videti poti pred seboj
And when he felt the wound burning, he silently spoke the Om
In ko je začutil pekočo rano, je tiho spregovoril Om
he filled himself with Om
napolnil se je z Om
The monks in the garden saw him
Videli so ga menihi na vrtu
dust was gathering on his gray hair
na njegovih sivih laseh se je nabiral prah
since he crouched for many hours, one of monks placed two bananas in front of him
ker je več ur čepel, je eden od menihov pred njega položil dve banani
The old man did not see him
Starec ga ni videl

From this petrified state, he was awoken by a hand touching his shoulder
Iz tega okamenelega stanja ga je prebudila roka, ki se je dotaknila njegove rame
Instantly, he recognised this tender bashful touch
Takoj je prepoznal ta nežen sramežljiv dotik
Vasudeva had followed him and waited
Vasudeva mu je sledil in čakal
he regained his senses and rose to greet Vasudeva
se je spametoval in vstal, da pozdravi Vasudevo
he looked into Vasudeva's friendly face
je pogledal v Vasudevin prijazen obraz
he looked into the small wrinkles
pogledal je v drobne gube
his wrinkles were as if they were filled with nothing but his smile
njegove gube so bile, kot da bi jih napolnil le njegov nasmeh
he looked into the happy eyes, and then he smiled too
pogledal je v vesele oči, nato pa se je tudi on nasmehnil

Now he saw the bananas lying in front of him
Zdaj je zagledal banane, ki ležijo pred njim
he picked the bananas up and gave one to the ferryman
pobral je banane in eno dal brodarju
After eating the bananas, they silently went back into the forest
Ko so banane pojedli, so se tiho vrnili v gozd
they returned home to the ferry
trajektu vrnili domov
Neither one talked about what had happened that day
Nobeden ni govoril o tem, kaj se je zgodilo tisti dan
neither one mentioned the boy's name
nobeden ni omenil dečkovega imena
neither one spoke about him running away
nobeden ni govoril o njegovem begu
neither one spoke about the wound
nobeden ni govoril o rani
In the hut, Siddhartha lay down on his bed
V koči je Siddhartha legel na svojo posteljo
after a while Vasudeva came to him
čez nekaj časa je k njemu prišel Vasudeva
he offered him a bowl of coconut-milk
ponudil mu je skledo kokosovega mleka
but he was already asleep
pa je že spal

Om

For a long time the wound continued to burn
Rana je še dolgo pekla
Siddhartha had to ferry many travellers across the river
Siddhartha je moral prepeljati številne popotnike čez reko
many of the travellers were accompanied by a son or a daughter
mnoge popotnike je spremljal sin ali hči
and he saw none of them without envying them
in nobenega od njih ni videl, ne da bi mu zavidal
he couldn't see them without thinking about his lost son
ni jih mogel videti, ne da bi pomislil na svojega izgubljenega sina
"So many thousands possess the sweetest of good fortunes"
"Toliko tisoč ljudi ima najlepšo srečo"
"why don't I also possess this good fortune?"
"zakaj ne bi imel tudi jaz te sreče?"
"even thieves and robbers have children and love them"
"Tudi tatovi in roparji imajo otroke in jih imajo radi"
"and they are being loved by their children"
"in otroci jih imajo radi"
"all are loved by their children except for me"
"vse imajo radi njihovi otroci razen mene"
he now thought like the childlike people, without reason
zdaj je razmišljal kakor otroški ljudje, brez razloga
he had become one of the childlike people
postal je eden od otročjih ljudi
he looked upon people differently than before
na ljudi je gledal drugače kot prej
he was less smart and less proud of himself
bil je manj pameten in manj ponosen nase
but instead, he was warmer and more curious
ampak namesto tega je bil bolj topel in bolj radoveden
when he ferried travellers, he was more involved than before

ko je prevažal popotnike, je bil bolj vpleten kot prej
childlike people, businessmen, warriors, women
otroški ljudje, poslovneži, bojevniki, ženske
these people did not seem alien to him, as they used to
ti ljudje se mu niso zdeli tuji, kakor nekoč
he understood them and shared their life
razumel jih je in delil njihovo življenje
a life which was not guided by thoughts and insight
življenje, ki ga niso vodile misli in uvid
but a life guided solely by urges and wishes
ampak življenje, ki ga vodijo zgolj vzgibi in želje
he felt like the the childlike people
počutil se je kot otroški ljudje
he was bearing his final wound
nosil je zadnjo rano
he was nearing perfection
bližal se je popolnosti
but the childlike people still seemed like his brothers
vendar so se otročji ljudje še vedno zdeli kot njegovi bratje
their vanities, desires for possession were no longer ridiculous to him
njihove nečimrnosti, želje po posesti mu niso bile več smešne
they became understandable and lovable
postali so razumljivi in ljubeči
they even became worthy of veneration to him
postali so celo vredni njegovega čaščenja
The blind love of a mother for her child
Slepa ljubezen matere do otroka
the stupid, blind pride of a conceited father for his only son
neumni, slepi ponos domišljavega očeta na svojega edinca
the blind, wild desire of a young, vain woman for jewellery
slepa, divja želja mlade, nečimrne ženske po nakitu
her wish for admiring glances from men
njena želja po občudujočih pogledih moških
all of these simple urges were not childish notions
vsi ti preprosti nagoni niso bili otročje ideje

but they were immensely strong, living, and prevailing urges
bili pa so neizmerno močni, živi in prevladujoči nagoni
he saw people living for the sake of their urges
videl je ljudi, ki živijo zaradi svojih nagonov
he saw people achieving rare things for their urges
videl je ljudi, ki za svoje želje dosegajo redke stvari
travelling, conducting wars, suffering
potovanje, vodenje vojn, trpljenje
they bore an infinite amount of suffering
prenesli so neskončno veliko trpljenja
and he could love them for it, because he saw life
in lahko bi jih imel rad zaradi tega, ker je videl življenje
that what is alive was in each of their passions
da je bilo v vsaki njuni strasti tisto, kar je živo
that what is is indestructible was in their urges, the Brahman
da je tisto, kar je neuničljivo, v njihovih vzgibih, Brahman
these people were worthy of love and admiration
ti ljudje so bili vredni ljubezni in občudovanja
they deserved it for their blind loyalty and blind strength
zaslužili so si to s svojo slepo zvestobo in slepo močjo
there was nothing that they lacked
nič jim ni manjkalo
Siddhartha had nothing which would put him above the rest, except one thing
Siddhartha ni imel ničesar, kar bi ga postavilo nad ostale, razen ene stvari
there still was a small thing he had which they didn't
še vedno je imela malenkost, ki je oni niso imeli
he had the conscious thought of the oneness of all life
imel je zavestno misel o enosti vsega življenja
but Siddhartha even doubted whether this knowledge should be valued so highly
vendar je Siddhartha celo dvomil, ali je treba to znanje tako visoko ceniti
it might also be a childish idea of the thinking people

lahko je tudi otročja ideja mislečih ljudi
the worldly people were of equal rank to the wise men
posvetni ljudje so bili enakega ranga kot modri ljudje
animals too can in some moments seem to be superior to humans
Tudi živali se lahko v nekaterih trenutkih zdijo boljše od ljudi
they are superior in their tough, unrelenting performance of what is necessary
boljši so v svojem težkem, nepopustljivem izvajanju tega, kar je potrebno
an idea slowly blossomed in Siddhartha
ideja je počasi vzcvetela v Siddharti
and the idea slowly ripened in him
in ideja je počasi zorela v njem
he began to see what wisdom actually was
začel je videti, kaj je pravzaprav modrost
he saw what the goal of his long search was
videl je, kaj je cilj njegovega dolgega iskanja
his search was nothing but a readiness of the soul
njegovo iskanje ni bilo nič drugega kot pripravljenost duše
a secret art to think every moment, while living his life
skrivna umetnost razmišljati vsak trenutek, medtem ko živi svoje življenje
it was the thought of oneness
to je bila misel o enosti
to be able to feel and inhale the oneness
da bi lahko čutili in vdihnili enost
Slowly this awareness blossomed in him
Počasi se je to zavedanje razcvetelo v njem
it was shining back at him from Vasudeva's old, childlike face
sijalo mu je nazaj z Vasudevinega starega, otroškega obraza
harmony and knowledge of the eternal perfection of the world
harmonijo in spoznanje o večni popolnosti sveta
smiling and to be part of the oneness

nasmejan in biti del enosti
But the wound still burned
A rana je še vedno pekla
longingly and bitterly Siddhartha thought of his son
hrepeneče in zagrenjeno je Siddhartha pomislil na svojega sina
he nurtured his love and tenderness in his heart
svojo ljubezen in nežnost je gojil v srcu
he allowed the pain to gnaw at him
dovolil je, da ga je grizla bolečina
he committed all foolish acts of love
zagrešil je vsa nespametna dejanja iz ljubezni
this flame would not go out by itself
ta plamen ne bi ugasnil sam

one day the wound burned violently
nekega dne je rana močno pekla
driven by a yearning, Siddhartha crossed the river
ki ga je gnalo hrepenenje, je Siddhartha prečkal reko
he got off the boat and was willing to go to the city
izstopil je iz čolna in bil voljan iti v mesto
he wanted to look for his son again
spet je hotel iskati sina
The river flowed softly and quietly
Reka je tekla mehko in tiho
it was the dry season, but its voice sounded strange
bilo je sušno obdobje, a njegov glas je zvenel čudno
it was clear to hear that the river laughed
jasno je bilo slišati, da se reka smeji
it laughed brightly and clearly at the old ferryman
živo in jasno se je smejalo staremu brodarju
he bent over the water, in order to hear even better
sklonil se je nad vodo, da bi še bolje slišal
and he saw his face reflected in the quietly moving waters
in videl je svoj obraz, ki se je odseval v tiho premikajočih se vodah
in this reflected face there was something

v tem odsevanem obrazu je bilo nekaj
something which reminded him, but he had forgotten
nekaj, kar ga je spomnilo, a je pozabil
as he thought about it, he found it
ko je razmišljal o tem, ga je našel
this face resembled another face which he used to know and love
ta obraz je bil podoben drugemu obrazu, ki ga je poznal in ljubil
but he also used to fear this face
ampak tega obraza se je tudi bal
It resembled his father's face, the Brahman
Bil je podoben obrazu njegovega očeta, Brahmana
he remembered how he had forced his father to let him go
spomnil se je, kako je prisilil očeta, da ga je izpustil
he remembered how he had bid his farewell to him
spomnil se je, kako se je bil poslovil od njega
he remembered how he had gone and had never come back
spomnil se je, kako je odšel in se ni več vrnil
Had his father not also suffered the same pain for him?
Ali ni tudi njegov oče trpel enako bolečino zanj?
was his father's pain not the pain Siddhartha is suffering now?
ali ni bolečina njegovega očeta bolečina, ki jo zdaj trpi Siddhartha?
Had his father not long since died?
Ali njegov oče ni že dolgo umrl?
had he died without having seen his son again?
je umrl, ne da bi spet videl sina?
Did he not have to expect the same fate for himself?
Ali ni moral sam pričakovati enake usode?
Was it not a comedy in a fateful circle?
Ali ni bila komedija v usodnem krogu?
The river laughed about all of this
Reka se je vsemu temu smejala
everything came back which had not been suffered

vrnilo se je vse, kar ni bilo pretrpljeno
everything came back which had not been solved
vrnilo se je vse, kar ni bilo rešeno
the same pain was suffered over and over again
ista bolečina je trpela vedno znova
Siddhartha went back into the boat
Siddhartha se je vrnil v čoln
and he returned back to the hut
in vrnil se je nazaj v kočo
he was thinking of his father and of his son
mislil je na očeta in na sina
he thought of having been laughed at by the river
mislil je, da se mu je smejala reka
he was at odds with himself and tending towards despair
bil je v nasprotju s samim seboj in težil k obupu
but he was also tempted to laugh
mikal pa ga je tudi smeh
he could laugh at himself and the entire world
lahko bi se smejal sebi in vsemu svetu
Alas, the wound was not blossoming yet
Žal, rana še ni cvetela
his heart was still fighting his fate
njegovo srce se je še borilo z njegovo usodo
cheerfulness and victory were not yet shining from his suffering
iz njegovega trpljenja še ni sijala vedrina in zmaga
Nevertheless, he felt hope along with the despair
Kljub temu je poleg obupa čutil tudi upanje
once he returned to the hut he felt an undefeatable desire to open up to Vasudeva
ko se je vrnil v kočo, je čutil nepremagljivo željo, da bi se odprl Vasudevi
he wanted to show him everything
vse mu je hotel pokazati
he wanted to say everything to the master of listening
vse je hotel povedati mojstru poslušanja

Vasudeva was sitting in the hut, weaving a basket
Vasudeva je sedel v koči in pletel košaro
He no longer used the ferry-boat
Trajekta ni več uporabljal
his eyes were starting to get weak
oči so mu začele slabeti
his arms and hands were getting weak as well
tudi njegove roke in dlani so postajale šibke
only the joy and cheerful benevolence of his face was unchanging
samo veselje in vedra dobrohotnost njegovega obraza je bila nespremenjena
Siddhartha sat down next to the old man
Siddhartha je sedel poleg starca
slowly, he started talking about what they had never spoke about
počasi je začel govoriti o tem, o čemer nista nikoli govorila
he told him of his walk to the city
povedal mu je o svojem sprehodu v mesto
he told at him of the burning wound
povedal mu je za pekočo rano
he told him about the envy of seeing happy fathers
povedal mu je o zavisti, ko vidi srečne očete
his knowledge of the foolishness of such wishes
njegovo vedenje o neumnosti takšnih želja
his futile fight against his wishes
njegov jalov boj proti njegovim željam
he was able to say everything, even the most embarrassing parts
lahko je povedal vse, tudi najbolj neprijetne dele
he told him everything he could tell him
povedal mu je vse, kar mu je lahko povedal
he showed him everything he could show him
pokazal mu je vse, kar mu je lahko pokazal
He presented his wound to him

Predstavil mu je svojo rano
he also told him how he had fled today
povedal mu je tudi, kako je danes pobegnil
he told him how he ferried across the water
povedal mu je, kako se je vozil po vodi
a childish run-away, willing to walk to the city
otročji ubežnik, pripravljen hoditi v mesto
and he told him how the river had laughed
in povedal mu je, kako se je reka smejala
he spoke for a long time
je dolgo govoril
Vasudeva was listening with a quiet face
Vasudeva je tiho poslušal
Vasudeva's listening gave Siddhartha a stronger sensation than ever before
Vasudevovo poslušanje je dalo Siddharti močnejši občutek kot kdaj koli prej
he sensed how his pain and fears flowed over to him
začutil je, kako se njegova bolečina in strahovi prelivajo nanj
he sensed how his secret hope flowed over him
začutil je, kako ga preliva njegovo skrivno upanje
To show his wound to this listener was the same as bathing it in the river
Pokazati njegovo rano temu poslušalcu je bilo enako, kot da bi jo okopal v reki
the river would have cooled Siddhartha's wound
reka bi ohladila Siddharthino rano
the quiet listening cooled Siddhartha's wound
tiho poslušanje je ohladilo Siddharthino rano
it cooled him until he become one with the river
ohladilo ga je, dokler ni postal eno z reko
While he was still speaking, still admitting and confessing
Medtem ko je še govoril, še priznaval in izpovedoval
Siddhartha felt more and more that this was no longer Vasudeva
Siddhartha je vedno bolj čutil, da to ni več Vasudeva

it was no longer a human being who was listening to him
ni bil več človek tisti, ki ga je poslušal
this motionless listener was absorbing his confession into himself
ta nepremični poslušalec je vsrkaval njegovo izpoved vase
this motionless listener was like a tree the rain
ta nepremični poslušalec je bil kot drevo dež
this motionless man was the river itself
ta nepremični človek je bila reka sama
this motionless man was God himself
ta nepremični človek je bil sam Bog
the motionless man was the eternal itself
nepremični človek je bil sam večni
Siddhartha stopped thinking of himself and his wound
Siddhartha je nehal misliti nase in na svojo rano
this realisation of Vasudeva's changed character took possession of him
to spoznanje spremenjenega značaja Vasudeve ga je prevzelo
and the more he entered into it, the less wondrous it became
in bolj ko je vstopal vanj, manj čudovito je postajalo
the more he realised that everything was in order and natural
tem bolj je spoznaval, da je vse v redu in naravno
he realised that Vasudeva had already been like this for a long time
spoznal je, da je bil Vasudeva že dolgo takšen
he had just not quite recognised it yet
samo tega še ni povsem prepoznal
yes, he himself had almost reached the same state
ja, sam je skoraj dosegel isto stanje
He felt, that he was now seeing old Vasudeva as the people see the gods
Čutil je, da zdaj vidi starega Vasudevo, kot ljudje vidijo bogove
and he felt that this could not last
in čutil je, da to ne more trajati

in his heart, he started bidding his farewell to Vasudeva
v svojem srcu se je začel poslavljati od Vasudeve
Throughout all this, he talked incessantly
Med vsem tem je neprenehoma govoril
When he had finished talking, Vasudeva turned his friendly eyes at him
Ko je končal govor, je Vasudeva prijateljsko obrnil vanj
the eyes which had grown slightly weak
oči, ki so rahlo oslabele
he said nothing, but let his silent love and cheerfulness shine
ni rekel nič, toda sijala je njegova tiha ljubezen in vedrina
his understanding and knowledge shone from him
njegovo razumevanje in znanje sta sijala iz njega
He took Siddhartha's hand and led him to the seat by the bank
Prijel je Siddharto za roko in ga odpeljal do sedeža ob bregu
he sat down with him and smiled at the river
sedel je k njemu in se nasmehnil reki
"You've heard it laugh," he said
"Slišali ste, da se smeji," je rekel
"But you haven't heard everything"
"Ampak nisi slišal vsega"
"Let's listen, you'll hear more"
"Poslušajmo, slišali boste več"
Softly sounded the river, singing in many voices
Nežno je zazvenela reka, pela je v mnogih glasovih
Siddhartha looked into the water
Siddhartha je pogledal v vodo
images appeared to him in the moving water
podobe so se mu prikazovale v premikajoči se vodi
his father appeared, lonely and mourning for his son
pojavil se je njegov oče, osamljen in žalujoč za sinom
he himself appeared in the moving water
sam se je pojavil v premikajoči se vodi

he was also being tied with the bondage of yearning to his distant son
bil je tudi vezan s suženjstvom hrepenenja na svojega daljnega sina
his son appeared, lonely as well
pojavil se je njegov sin, prav tako osamljen
the boy, greedily rushing along the burning course of his young wishes
fant, ki je pohlepno hitel po goreči poti svojih mladih želja
each one was heading for his goal
vsak je šel proti svojemu cilju
each one was obsessed by the goal
vsak je bil obseden s ciljem
each one was suffering from the pursuit
vsak je trpel zaradi zasledovanja
The river sang with a voice of suffering
Reka je pela z glasom trpljenja
longingly it sang and flowed towards its goal
hrepeneče je pela in tekla proti svojemu cilju
"Do you hear?" Vasudeva asked with a mute gaze
"Slišiš?" je z nemim pogledom vprašal Vasudeva
Siddhartha nodded in reply
Siddhartha je prikimal v odgovor
"Listen better!" Vasudeva whispered
"Poslušaj bolje!" je šepetal Vasudeva
Siddhartha made an effort to listen better
Siddhartha se je potrudil bolje poslušati
The image of his father appeared
Pojavila se je podoba očeta
his own image merged with his father's
njegova lastna podoba se je zlila z očetovo
the image of his son merged with his image
podoba njegovega sina se je zlila z njegovo podobo
Kamala's image also appeared and was dispersed
Pojavila se je tudi podoba Kamale, ki je bila razpršena
and the image of Govinda, and other images

in podoba Govinde in druge podobe
and all the imaged merged with each other
in vse upodobljeno se je zlilo med seboj
all the imaged turned into the river
vse naslikano se je spremenilo v reko
being the river, they all headed for the goal
ker je bila reka, so vsi šli proti cilju
longing, desiring, suffering flowed together
hrepenenje, želja, trpljenje so se zlivali skupaj
and the river's voice sounded full of yearning
in glas reke je zvenel poln hrepenenja
the river's voice was full of burning woe
glas reke je bil poln gorečega gorja
the river's voice was full of unsatisfiable desire
glas reke je bil poln nepotešljive želje
For the goal, the river was heading
K cilju se je reka gibala
Siddhartha saw the river hurrying towards its goal
Siddhartha je videl, kako reka hiti proti svojemu cilju
the river of him and his loved ones and of all people he had ever seen
reka njega in njegovih najdražjih ter vseh ljudi, ki jih je kdaj videl
all of these waves and waters were hurrying
vsi ti valovi in vode so hiteli
they were all suffering towards many goals
vsi so trpeli za številne cilje
the waterfall, the lake, the rapids, the sea
slap, jezero, brzice, morje
and all goals were reached
in vsi cilji so bili doseženi
and every goal was followed by a new one
in vsakemu zadetku je sledil nov
and the water turned into vapour and rose to the sky
in voda se je spremenila v hlape in se dvignila v nebo
the water turned into rain and poured down from the sky

voda se je spremenila v dež in se ulila z neba
the water turned into a source
voda se je spremenila v izvir
then the source turned into a stream
nato se je izvir spremenil v potok
the stream turned into a river
potok se je spremenil v reko
and the river headed forwards again
in reka je spet tekla naprej
But the longing voice had changed
Toda hrepeneči glas se je spremenil
It still resounded, full of suffering, searching
Še vedno je odmevalo, polno trpljenja, iskanja
but other voices joined the river
toda drugi glasovi so se pridružili reki
there were voices of joy and of suffering
slišali so se glasovi veselja in trpljenja
good and bad voices, laughing and sad ones
dobri in slabi glasovi, smejoči in žalostni
a hundred voices, a thousand voices
sto glasov, tisoč glasov
Siddhartha listened to all these voices
Siddhartha je poslušal vse te glasove
He was now nothing but a listener
Zdaj ni bil nič drugega kot poslušalec
he was completely concentrated on listening
bil je popolnoma osredotočen na poslušanje
he was completely empty now
zdaj je bil popolnoma prazen
he felt that he had now finished learning to listen
čutil je, da se je zdaj nehal učiti poslušati
Often before, he had heard all this
Velikokrat je že slišal vse to
he had heard these many voices in the river
v reki je slišal toliko glasov
today the voices in the river sounded new

danes so glasovi v reki zveneli na novo
Already, he could no longer tell the many voices apart
Že zdaj ni mogel več ločiti številnih glasov
there was no difference between the happy voices and the weeping ones
ni bilo razlike med veselimi glasovi in objokanimi
the voices of children and the voices of men were one
glasovi otrok in glasovi moških so bili eno
all these voices belonged together
vsi ti glasovi so sodili skupaj
the lamentation of yearning and the laughter of the knowledgeable one
objokovanje hrepenenja in smeh poznavalca
the scream of rage and the moaning of the dying ones
krik besa in stok umirajočih
everything was one and everything was intertwined
vse je bilo eno in vse je bilo prepleteno
everything was connected and entangled a thousand times
vse je bilo tisočkrat povezano in zapleteno
everything together, all voices, all goals
vse skupaj, vsi glasovi, vsi cilji
all yearning, all suffering, all pleasure
vse hrepenenje, vse trpljenje, ves užitek
all that was good and evil
vse, kar je bilo dobro in zlo
all of this together was the world
vse to skupaj je bil svet
All of it together was the flow of events
Vse skupaj je bil tok dogodkov
all of it was the music of life
vse to je bila glasba življenja
when Siddhartha was listening attentively to this river
ko je Siddhartha pozorno poslušal ta rek
the song of a thousand voices
pesem tisočih glasov
when he neither listened to the suffering nor the laughter

ko ni poslušal ne trpljenja ne smeha
when he did not tie his soul to any particular voice
ko svoje duše ni vezal na noben določen glas
when he submerged his self into the river
ko se je potopil v reko
but when he heard them all he perceived the whole, the oneness
a ko jih je slišal vse, je zaznal celoto, enost
then the great song of the thousand voices consisted of a single word
tedaj je bila velika pesem tisočerih glasov sestavljena iz ene same besede
this word was Om; the perfection
ta beseda je bila Om; popolnost

"Do you hear" Vasudeva's gaze asked again
"Slišiš," je ponovno vprašal Vasudevin pogled
Brightly, Vasudeva's smile was shining
Vasudevin nasmeh je sijal
it was floating radiantly over all the wrinkles of his old face
žareče je plavalo po vseh gubah njegovega starega obraza
the same way the Om was floating in the air over all the voices of the river
na enak način je Om lebdel v zraku nad vsemi glasovi reke
Brightly his smile was shining, when he looked at his friend
Njegov nasmeh je močno zasijal, ko je pogledal svojega prijatelja
and brightly the same smile was now starting to shine on Siddhartha's face
in na Siddharthinem obrazu je sedaj začel sijati isti nasmeh
His wound had blossomed and his suffering was shining
Njegova rana je zacvetela in njegovo trpljenje je zasijalo
his self had flown into the oneness
njegov jaz je poletel v enost
In this hour, Siddhartha stopped fighting his fate
V tej uri se je Siddhartha nehal boriti s svojo usodo

at the same time he stopped suffering
hkrati je nehal trpeti
On his face flourished the cheerfulness of a knowledge
Na njegovem obrazu je cvetela vedrost spoznanja
a knowledge which was no longer opposed by any will
spoznanje, ki mu ni več nasprotovala nobena volja
a knowledge which knows perfection
znanje, ki pozna popolnost
a knowledge which is in agreement with the flow of events
znanje, ki je v skladu s tokom dogodkov
a knowledge which is with the current of life
znanje, ki je s tokom življenja
full of sympathy for the pain of others
polni sočutja do bolečine drugih
full of sympathy for the pleasure of others
polni sočutja do užitka drugih
devoted to the flow, belonging to the oneness
predan toku, ki pripada enosti
Vasudeva rose from the seat by the bank
Vasudeva je vstal s sedeža ob bregu
he looked into Siddhartha's eyes
je pogledal v Siddhartine oči
and he saw the cheerfulness of the knowledge shining in his eyes
in videl je veselje spoznanja, ki je sijalo v njegovih očeh
he softly touched his shoulder with his hand
z roko se je nežno dotaknil njegove rame
"I've been waiting for this hour, my dear"
"Čakal sem to uro, draga"
"Now that it has come, let me leave"
"Zdaj, ko je prišlo, naj odidem"
"For a long time, I've been waiting for this hour"
"Dolgo sem čakal na to uro"
"for a long time, I've been Vasudeva the ferryman"
"dolgo časa sem bil brodar Vasudeva"
"Now it's enough. Farewell"

"Zdaj pa je dovolj. Zbogom"
"farewell river, farewell Siddhartha!"
"zbogom reka, zbogom Siddhartha!"
Siddhartha made a deep bow before him who bid his farewell
Siddhartha se je globoko priklonil pred njim, ki se je poslovil
"I've known it," he said quietly
»Vedel sem,« je rekel tiho
"You'll go into the forests?"
"Boš šel v gozdove?"
"I'm going into the forests"
"Grem v gozdove"
"I'm going into the oneness" spoke Vasudeva with a bright smile
"Grem v enost," je rekel Vasudeva s sijočim nasmehom
With a bright smile, he left
S sijočim nasmehom je odšel
Siddhartha watched him leaving
Siddhartha ga je opazoval, kako odhaja
With deep joy, with deep solemnity he watched him leave
Z globokim veseljem, z globoko slovesnostjo ga je gledal, kako odhaja
he saw his steps were full of peace
videl je, da so njegovi koraki polni miru
he saw his head was full of lustre
videl je, da je njegova glava polna leska
he saw his body was full of light
videl je, da je njegovo telo polno svetlobe

Govinda

Govinda had been with the monks for a long time
Govinda je bil z menihi dolgo časa
when not on pilgrimages, he spent his time in the pleasure-garden
kadar ni bil na romanju, je čas preživljal v vrtu užitkov
the garden which the courtesan Kamala had given the followers of Gotama
vrt, ki ga je kurtizana Kamala dala privržencem Gotame
he heard talk of an old ferryman, who lived a day's journey away
slišal je govoriti o starem brodarju, ki je živel en dan vožnje stran
he heard many regarded him as a wise man
slišal je, da so ga mnogi imeli za modrega človeka
When Govinda went back, he chose the path to the ferry
Ko se je Govinda vračal, je izbral pot do trajekta
he was eager to see the ferryman
bil je nestrpen, da bi videl brodarja
he had lived his entire life by the rules
vse življenje je živel po pravilih
he was looked upon with veneration by the younger monks
mlajši menihi so nanj gledali s čaščenjem
they respected his age and modesty
spoštovali so njegovo starost in skromnost
but his restlessness had not perished from his heart
toda nemir mu ni bil izginil iz srca
he was searching for what he had not found
iskal je tisto, česar ni našel
He came to the river and asked the old man to ferry him over
Prišel je do reke in starca prosil, naj ga prepelje
when they got off the boat on the other side, he spoke with the old man
ko so izstopili iz čolna na drugi strani, je govoril s starcem

"**You're very good to us monks and pilgrims**"
"Zelo ste dobri do nas menihov in romarjev"
"**you have ferried many of us across the river**"
"mnoge od nas ste prepeljali čez reko"
"**Aren't you too, ferryman, a searcher for the right path?**"
"Ali nisi tudi ti, brodar, iskalec prave poti?"
smiling from his old eyes, Siddhartha spoke
smehljajoč se iz svojih starih oči, je spregovoril Siddhartha
"**oh venerable one, do you call yourself a searcher?**"
"oh častitljivi, ali se imenujete iskalec?"
"**are you still a searcher, although already well in years?**"
"si še vedno iskalec, čeprav že v letih?"
"**do you search while wearing the robe of Gotama's monks?**"
"ali iščeš, ko nosiš obleko menihov Gotame?"
"**It's true, I'm old,**" spoke Govinda
"Res je, star sem," je rekel Govinda
"**but I haven't stopped searching**"
"vendar nisem nehal iskati"
"**I will never stop searching**"
"Nikoli ne bom nehal iskati"
"**this seems to be my destiny**"
"zdi se, da je to moja usoda"
"**You too, so it seems to me, have been searching**"
"Tudi ti, tako se mi zdi, si iskal"
"**Would you like to tell me something, oh honourable one?**"
"Bi mi rad kaj povedal, o spoštovani?"
"**What might I have that I could tell you, oh venerable one?**"
"Kaj bi ti lahko povedal, o častitljivi?"
"**Perhaps I could tell you that you're searching far too much?**"
"Morda bi vam lahko rekel, da iščete veliko preveč?"
"**Could I tell you that you don't make time for finding?**"
"Ali vam lahko povem, da si ne vzamete časa za iskanje?"
"**How come?**" asked Govinda
"Kako to?" je vprašal Govinda

"When someone is searching they might only see what they search for"
"Ko nekdo išče, morda vidi samo tisto, kar išče"
"he might not be able to let anything else enter his mind"
"morda ne bo mogel dovoliti, da bi karkoli drugega prišlo v njegove misli"
"he doesn't see what he is not searching for"
"ne vidi, česar ne išče"
"because he always thinks of nothing but the object of his search"
"ker vedno ne misli le na predmet svojega iskanja"
"he has a goal, which he is obsessed with"
"ima cilj, s katerim je obseden"
"Searching means having a goal"
"Iskati pomeni imeti cilj"
"But finding means being free, open, and having no goal"
"Toda najti pomeni biti svoboden, odprt in brez cilja"
"You, oh venerable one, are perhaps indeed a searcher"
"Ti, o častiti, si morda res iskalec"
"because, when striving for your goal, there are many things you don't see"
"ker ko stremiš k svojemu cilju, marsikaj ne vidiš"
"you might not see things which are directly in front of your eyes"
"morda ne vidite stvari, ki so neposredno pred vašimi očmi"
"I don't quite understand yet," said Govinda, "what do you mean by this?"
"Ne razumem še čisto," je rekel Govinda, "kaj misliš s tem?"
"oh venerable one, you've been at this river before, a long time ago"
"Oh, častitljivi, ti si že bil pri tej reki, pred davnimi časi"
"and you have found a sleeping man by the river"
"in našel si spečega človeka ob reki"
"you have sat down with him to guard his sleep"
"usedli ste se k njemu, da bi mu varovali spanec"
"but, oh Govinda, you did not recognise the sleeping man"

"ampak, o Govinda, nisi prepoznal spečega človeka"
Govinda was astonished, as if he had been the object of a magic spell
Govinda je bil osupel, kot bi bil predmet čarobnega uroka
the monk looked into the ferryman's eyes
menih je pogledal brodarju v oči
"Are you Siddhartha?" he asked with a timid voice
"Ali si ti Siddhartha?" je vprašal s plašnim glasom
"I wouldn't have recognised you this time either!"
"Tudi tokrat te ne bi prepoznal!"
"from my heart, I'm greeting you, Siddhartha"
"iz srca te pozdravljam Siddharta"
"from my heart, I'm happy to see you once again!"
"iz srca sem vesel, da te spet vidim!"
"You've changed a lot, my friend"
"Zelo si se spremenil, prijatelj"
"and you've now become a ferryman?"
"in zdaj si postal brodar?"
In a friendly manner, Siddhartha laughed
Siddhartha se je prijazno nasmejal
"yes, I am a ferryman"
"ja, jaz sem brodar"
"Many people, Govinda, have to change a lot"
"Veliko ljudi, Govinda, se mora veliko spremeniti"
"they have to wear many robes"
"nositi morajo veliko oblek"
"I am one of those who had to change a lot"
"Sem eden tistih, ki je moral veliko spremeniti"
"Be welcome, Govinda, and spend the night in my hut"
"Bodi dobrodošel, Govinda, in prenoči v moji koči."
Govinda stayed the night in the hut
Govinda je prenočil v koči
he slept on the bed which used to be Vasudeva's bed
spal je na postelji, ki je bila nekoč Vasudevina postelja
he posed many questions to the friend of his youth
prijatelju svoje mladosti je postavljal veliko vprašanj

Siddhartha had to tell him many things from his life
Siddhartha mu je moral povedati marsikaj iz svojega življenja

then the next morning came
nato je prišlo naslednje jutro
the time had come to start the day's journey
prišel je čas za začetek dnevnega potovanja
without hesitation, Govinda asked one more question
brez oklevanja je Govinda postavil še eno vprašanje
"Before I continue on my path, Siddhartha, permit me to ask one more question"
"Preden nadaljujem svojo pot, Siddhartha, dovoli mi postaviti še eno vprašanje."
"Do you have a teaching that guides you?"
"Imate nauk, ki vas vodi?"
"Do you have a faith or a knowledge you follow"
"Ali imate vero ali znanje, ki mu sledite"
"is there a knowledge which helps you to live and do right?"
"ali obstaja znanje, ki vam pomaga živeti in delati prav?"
"You know well, my dear, I have always been distrustful of teachers"
"Dobro veš, draga moja, do učiteljev sem bil vedno nezaupljiv"
"as a young man I already started to doubt teachers"
"Že kot mladenič sem začel dvomiti v učitelje"
"when we lived with the penitents in the forest, I distrusted their teachings"
"Ko smo živeli s spokorniki v gozdu, nisem zaupal njihovim naukom"
"and I turned my back to them"
"in obrnil sem jim hrbet"
"I have remained distrustful of teachers"
"Ostal sem nezaupljiv do učiteljev"
"Nevertheless, I have had many teachers since then"
"Kljub temu sem imel od takrat veliko učiteljev"
"A beautiful courtesan has been my teacher for a long time"
"Lepa kurtizana je že dolgo moja učiteljica"

"a rich merchant was my teacher"
"bogat trgovec je bil moj učitelj"
"and some gamblers with dice taught me"
"in nekateri igralci s kockami so me naučili"
"Once, even a follower of Buddha has been my teacher"
"Nekoč je bil celo Budin sledilec moj učitelj"
"he was travelling on foot, pilgering"
"potoval je peš, romal"
"and he sat with me when I had fallen asleep in the forest"
"in sedel je z mano, ko sem zaspala v gozdu"
"I've also learned from him, for which I'm very grateful"
"Tudi jaz sem se učil od njega, za kar sem mu zelo hvaležen"
"But most of all, I have learned from this river"
"Največ pa sem se naučil od te reke"
"and I have learned most from my predecessor, the ferryman Vasudeva"
"in največ sem se naučil od svojega predhodnika, brodarja Vasudeve"
"He was a very simple person, Vasudeva, he was no thinker"
"Bil je zelo preprosta oseba, Vasudeva, ni bil mislec"
"but he knew what is necessary just as well as Gotama"
"vendar je vedel, kaj je potrebno, tako dobro kot Gotama"
"he was a perfect man, a saint"
"bil je popoln človek, svetnik"
"Siddhartha still loves to mock people, it seems to me"
"Siddhartha se še vedno rad norčuje iz ljudi, se mi zdi"
"I believe in you and I know that you haven't followed a teacher"
"Verjamem vate in vem, da nisi sledil učitelju"
"But haven't you found something by yourself?"
"Ampak nisi našel česa sam?"
"though you've found no teachings, you still found certain thoughts"
"čeprav niste našli naukov, ste vseeno našli določene misli"
"certain insights, which are your own"
"določena spoznanja, ki so vaša"

"insights which help you to live"
"spoznanja, ki vam pomagajo živeti"
"Haven't you found something like this?"
"Ali niste našli česa takega?"
"If you would like to tell me, you would delight my heart"
"Če bi mi hotel povedati, bi razveselil moje srce"
"you are right, I have had thoughts and gained many insights"
"imate prav, razmišljal sem in dobil veliko spoznanj"
"Sometimes I have felt knowledge in me for an hour"
"Včasih sem čutil znanje v sebi celo uro"
"at other times I have felt knowledge in me for an entire day"
"v drugih časih sem čutil znanje v sebi cel dan"
"the same knowledge one feels when one feels life in one's heart"
"isto spoznanje človek občuti, ko čuti življenje v svojem srcu"
"There have been many thoughts"
"Bilo je veliko misli"
"but it would be hard for me to convey these thoughts to you"
"vendar bi vam težko prenesel te misli"
"my dear Govinda, this is one of my thoughts which I have found"
"Dragi moj Govinda, to je ena od mojih misli, ki sem jih našel"
"wisdom cannot be passed on"
"modrosti ni mogoče prenesti"
"Wisdom which a wise man tries to pass on always sounds like foolishness"
"Modrost, ki jo skuša predati moder človek, vedno zveni kot neumnost"
"Are you kidding?" asked Govinda
"Se hecaš?" je vprašal Govinda
"I'm not kidding, I'm telling you what I have found"
"Ne hecam se, povem vam, kaj sem našel"
"Knowledge can be conveyed, but wisdom can't"

"Znanje je mogoče posredovati, modrosti pa ne."
"wisdom can be found, it can be lived"
"modrost je mogoče najti, živeti jo je mogoče"
"it is possible to be carried by wisdom"
"mogoče se je nositi z modrostjo"
"miracles can be performed with wisdom"
"čudeže je mogoče narediti z modrostjo"
"but wisdom cannot be expressed in words or taught"
"toda modrosti ni mogoče izraziti z besedami ali naučiti"
"This was what I sometimes suspected, even as a young man"
"To sem včasih sumil, celo kot mladenič"
"this is what has driven me away from the teachers"
"to me je oddaljilo od učiteljev"
"I have found a thought which you'll regard as foolishness"
"Našel sem misel, ki jo boste imeli za neumnost"
"but this thought has been my best"
"toda ta misel je bila moja najboljša"
"The opposite of every truth is just as true!"
"Nasprotje vsake resnice je enako resnično!"
"any truth can only be expressed when it is one-sided"
"Vsaka resnica se lahko izrazi le, če je enostranska"
"only one sided things can be put into words"
"samo enostranske stvari je mogoče ubesediti"
"Everything which can be thought is one-sided"
"Vse, kar si lahko mislimo, je enostransko"
"it's all one-sided, so it's just one half"
"vse je enostransko, torej samo ena polovica"
"it all lacks completeness, roundness, and oneness"
"vsemu manjka popolnosti, zaokroženosti in enosti"
"the exalted Gotama spoke in his teachings of the world"
"vzvišeni Gotama je govoril v svojih naukih o svetu"
"but he had to divide the world into Sansara and Nirvana"
"vendar je moral svet razdeliti na Sansaro in Nirvano"
"he had divided the world into deception and truth"
"svet je razdelil na prevaro in resnico"

"he had divided the world into suffering and salvation"
"svet je razdelil na trpljenje in odrešenje"
"the world cannot be explained any other way"
"sveta ni mogoče razložiti drugače"
"there is no other way to explain it, for those who want to teach"
"ni drugega načina za razlago, za tiste, ki želijo poučevati"
"But the world itself is never one-sided"
"A svet sam ni nikoli enostranski"
"the world exists around us and inside of us"
"svet obstaja okoli nas in v nas"
"A person or an act is never entirely Sansara or entirely Nirvana"
"Oseba ali dejanje ni nikoli v celoti Sansara ali v celoti Nirvana"
"a person is never entirely holy or entirely sinful"
"človek ni nikoli povsem svet ali popolnoma grešen"
"It seems like the world can be divided into these opposites"
"Zdi se, da je svet mogoče razdeliti na ta nasprotja"
"but that's because we are subject to deception"
"ampak to je zato, ker smo podvrženi prevari"
"it's as if the deception was something real"
"kot da bi bila prevara nekaj resničnega"
"Time is not real, Govinda"
"Čas ni resničen, Govinda"
"I have experienced this often and often again"
"To sem doživel pogosto in pogosto znova"
"when time is not real, the gap between the world and the eternity is also a deception"
"ko čas ni resničen, je tudi razkorak med svetom in večnostjo prevara"
"the gap between suffering and blissfulness is not real"
"razkorak med trpljenjem in blaženostjo ni resničen"
"there is no gap between evil and good"
"ni vrzeli med zlim in dobrim"
"all of these gaps are deceptions"

"vse te vrzeli so prevare"
"but these gaps appear to us nonetheless"
"toda te vrzeli se nam kljub temu zdijo"
"How come?" asked Govinda timidly
"Kako to?" je plaho vprašal Govinda
"Listen well, my dear," answered Siddhartha
"Dobro poslušaj, draga moja," je odgovoril Siddhartha
"The sinner, which I am and which you are, is a sinner"
"Grešnik, kar sem jaz in kar si ti, je grešnik"
"but in times to come the sinner will be Brahma again"
"toda v prihodnjih časih bo grešnik spet Brahma"
"he will reach the Nirvana and be Buddha"
"dosegel bo nirvano in postal Buda"
"the times to come are a deception"
"časi, ki prihajajo, so prevara"
"the times to come are only a parable!"
"časi, ki prihajajo, so le prispodoba!"
"The sinner is not on his way to become a Buddha"
"Grešnik ni na poti, da postane Buda"
"he is not in the process of developing"
"ni v procesu razvoja"
"our capacity for thinking does not know how else to picture these things"
"naša sposobnost razmišljanja si ne zna drugače predstavljati teh stvari"
"No, within the sinner there already is the future Buddha"
"Ne, znotraj grešnika je že prihodnji Buda"
"his future is already all there"
"njegova prihodnost je že tam"
"you have to worship the Buddha in the sinner"
"v grešniku moraš častiti Budo"
"you have to worship the Buddha hidden in everyone"
"moraš častiti Budo, ki je skrit v vseh"
"the hidden Buddha which is coming into being the possible"
"skriti Buda, ki nastaja kot možno"

"The world, my friend Govinda, is not imperfect"
"Svet, moj prijatelj Govinda, ni nepopoln"
"the world is on no slow path towards perfection"
"svet je na počasni poti proti popolnosti"
"no, the world is perfect in every moment"
"ne, svet je popoln v vsakem trenutku"
"all sin already carries the divine forgiveness in itself"
"vsak greh že nosi božje odpuščanje v sebi"
"all small children already have the old person in themselves"
"vsi majhni otroci že imajo starega človeka v sebi"
"all infants already have death in them"
"Vsi dojenčki že nosijo smrt v sebi"
"all dying people have the eternal life"
"vsi umirajoči ljudje imajo večno življenje"
"we can't see how far another one has already progressed on his path"
"ne moremo videti, kako daleč je nekdo že napredoval na svoji poti"
"in the robber and dice-gambler, the Buddha is waiting"
"v roparju in igralcu na kocke Buda čaka"
"in the Brahman, the robber is waiting"
"v Brahmanu čaka ropar"
"in deep meditation, there is the possibility to put time out of existence"
"v globoki meditaciji obstaja možnost, da čas odstranimo iz obstoja"
"there is the possibility to see all life simultaneously"
"obstaja možnost videti vse življenje hkrati"
"it is possible to see all life which was, is, and will be"
"možno je videti vse življenje, ki je bilo, je in bo"
"and there everything is good, perfect, and Brahman"
"in tam je vse dobro, popolno in brahman"
"Therefore, I see whatever exists as good"
"Zato vidim vse, kar obstaja, kot dobro"
"death is to me like life"

"smrt je zame kot življenje"
"to me sin is like holiness"
"greh je zame kot svetost"
"wisdom can be like foolishness"
"modrost je lahko kot neumnost"
"everything has to be as it is"
"vse mora biti tako kot je"
"everything only requires my consent and willingness"
"za vse je potrebno samo moje soglasje in volja"
"all that my view requires is my loving agreement to be good for me"
"vse, kar moj pogled zahteva, je moj ljubeč dogovor, da je dobro zame"
"my view has to do nothing but work for my benefit"
"moj pogled mora delati v mojo korist"
"and then my perception is unable to ever harm me"
"in potem mi moja percepcija ne more nikoli škodovati"
"I have experienced that I needed sin very much"
"Izkusil sem, da sem zelo potreboval greh"
"I have experienced this in my body and in my soul"
"To sem doživel v svojem telesu in v svoji duši"
"I needed lust, the desire for possessions, and vanity"
"Potreboval sem poželenje, željo po posesti in nečimrnost"
"and I needed the most shameful despair"
"in potreboval sem najbolj sramoten obup"
"in order to learn how to give up all resistance"
"da bi se naučili opustiti vsak odpor"
"in order to learn how to love the world"
"da bi se naučili ljubiti svet"
"in order to stop comparing things to some world I wished for"
"da neham primerjati stvari z nekim svetom, ki sem si ga želel"
"I imagined some kind of perfection I had made up"
"Predstavljal sem si nekakšno popolnost, ki sem si jo izmislil"
"but I have learned to leave the world as it is"
"vendar sem se naučil pustiti svet tak, kot je"

"I have learned to love the world as it is"
"Naučil sem se ljubiti svet, kakršen je"
"and I learned to enjoy being a part of it"
"in naučil sem se uživati, ko sem del tega"
"These, oh Govinda, are some of the thoughts which have come into my mind"
"To, o Govinda, je nekaj misli, ki so mi prišle na pamet"

Siddhartha bent down and picked up a stone from the ground
Siddhartha se je sklonil in s tal pobral kamen
he weighed the stone in his hand
je stehtal kamen v roki
"This here," he said playing with the rock, "is a stone"
"To tukaj," je rekel in se igral s skalo, "je kamen"
"this stone will, after a certain time, perhaps turn into soil"
"ta kamen se bo po določenem času morda spremenil v zemljo"
"it will turn from soil into a plant or animal or human being"
"iz prsti se bo spremenil v rastlino ali žival ali človeka"
"In the past, I would have said this stone is just a stone"
"V preteklosti bi rekel, da je ta kamen le kamen"
"I might have said it is worthless"
"Mogoče bi rekel, da je ničvredno"
"I would have told you this stone belongs to the world of the Maya"
"Rekel bi ti, da ta kamen pripada svetu Majev"
"but I wouldn't have seen that it has importance"
"vendar ne bi videl, da je pomembno"
"it might be able to become a spirit in the cycle of transformations"
"morda bi lahko postal duh v ciklu transformacij"
"therefore I also grant it importance"
"zato mu tudi pripisujem pomen"
"Thus, I would perhaps have thought in the past"
"Tako bi morda mislil v preteklosti"

"But today I think differently about the stone"
"Danes pa o kamnu razmišljam drugače"
"this stone is a stone, and it is also animal, god, and Buddha"
"ta kamen je kamen in je tudi žival, bog in Buda"
"I do not venerate and love it because it could turn into this or that"
"Ne častim in ne ljubim tega, ker bi se lahko spremenilo v to ali ono"
"I love it because it is those things"
"Všeč mi je, ker so to tiste stvari"
"this stone is already everything"
"ta kamen je že vse"
"it appears to me now and today as a stone"
"sedaj in danes se mi zdi kot kamen"
"that is why I love this"
"zato mi je to všeč"
"that is why I see worth and purpose in each of its veins and cavities"
"zato vidim vrednost in namen v vsaki njeni žili in votlini"
"I see value in its yellow, gray, and hardness"
"Vidim vrednost v njeni rumeni, sivi in trdoti"
"I appreciated the sound it makes when I knock at it"
"Cenim zvok, ki ga oddaja, ko potrkam nanj"
"I love the dryness or wetness of its surface"
"Obožujem suhost ali mokroto njegove površine"
"There are stones which feel like oil or soap"
"Obstajajo kamni, ki so podobni olju ali milu."
"and other stones feel like leaves or sand"
"in drugi kamni so podobni listju ali pesku"
"and every stone is special and prays the Om in its own way"
"in vsak kamen je poseben in moli Om na svoj način"
"each stone is Brahman"
"Vsak kamen je Brahman"
"but simultaneously, and just as much, it is a stone"
"toda hkrati in ravno tako je kamen"
"it is a stone regardless of whether it's oily or juicy"

"koščica je ne glede na to ali je mastna ali sočna"
"and this why I like and regard this stone"
"in zato mi je všeč in cenim ta kamen"
"it is wonderful and worthy of worship"
"je čudovito in vredno čaščenja"
"But let me speak no more of this"
"Ampak naj ne govorim več o tem"
"words are not good for transmitting the secret meaning"
"besede niso dobre za prenos skrivnega pomena"
"everything always becomes a bit different, as soon as it is put into words"
"vedno vse postane malo drugače, takoj ko se ubesedi"
"everything gets distorted a little by words"
"besede vse malo popačijo"
"and then the explanation becomes a bit silly"
"in potem postane razlaga malo neumna"
"yes, and this is also very good, and I like it a lot"
"ja, tudi to je zelo dobro in mi je zelo všeč"
"I also very much agree with this"
"Tudi jaz se zelo strinjam s tem"
"one man's treasure and wisdom always sounds like foolishness to another person"
"Zaklad in modrost enega človeka vedno zvenita kot neumnost za drugega."
Govinda listened silently to what Siddhartha was saying
Govinda je tiho poslušal, kaj je govoril Siddhartha
there was a pause and Govinda hesitantly asked a question
nastal je premor in Govinda je obotavljajoče postavil vprašanje
"Why have you told me this about the stone?"
"Zakaj si mi povedal to o kamnu?"
"I did it without any specific intention"
"To sem storil brez posebnega namena"
"perhaps what I meant was, that I love this stone and the river"
"morda sem mislil, da obožujem ta kamen in reko"
"and I love all these things we are looking at"

"in obožujem vse te stvari, ki jih gledamo"
"and we can learn from all these things"
"in iz vseh teh stvari se lahko naučimo"
"I can love a stone, Govinda"
"Lahko ljubim kamen, Govinda"
"and I can also love a tree or a piece of bark"
"lahko pa ljubim tudi drevo ali kos lubja"
"These are things, and things can be loved"
"To so stvari in stvari je mogoče ljubiti"
"but I cannot love words"
"vendar ne morem ljubiti besed"
"therefore, teachings are no good for me"
"zato mi nauk ni dober"
"teachings have no hardness, softness, colours, edges, smell, or taste"
"nauki nimajo trdote, mehkobe, barv, robov, vonja ali okusa"
"teachings have nothing but words"
"nauki nimajo nič drugega kot besede"
"perhaps it is words which keep you from finding peace"
"morda so besede tiste, ki vam preprečujejo, da bi našli mir"
"because salvation and virtue are mere words"
"ker sta odrešenje in krepost le besedi"
"Sansara and Nirvana are also just mere words, Govinda"
"Tudi sansara in nirvana sta le besedi, Govinda"
"there is no thing which would be Nirvana"
"ni stvari, ki bi bila nirvana"
"therefore Nirvana is just the word"
" zato je Nirvana samo beseda"
Govinda objected, "Nirvana is not just a word, my friend"
Govinda je ugovarjal: "Nirvana ni le beseda, prijatelj moj."
"Nirvana is a word, but also it is a thought"
"Nirvana je beseda, a je tudi misel"
Siddhartha continued, "it might be a thought"
Siddhartha je nadaljeval, "morda je to misel"
"I must confess, I don't differentiate much between thoughts and words"

"Moram priznati, da ne ločim veliko med mislimi in besedami"
"to be honest, I also have no high opinion of thoughts"
"če povem po pravici, tudi jaz nimam visokega mnenja o mislih"
"I have a better opinion of things than thoughts"
"O stvareh imam boljše mnenje kot o mislih"
"Here on this ferry-boat, for instance, a man has been my predecessor"
"Tukaj na tem trajektu je bil na primer moški moj predhodnik"
"he was also one of my teachers"
"bil je tudi eden mojih učiteljev"
"a holy man, who has for many years simply believed in the river"
"svet človek, ki je dolga leta preprosto verjel v reko"
"and he believed in nothing else"
"in ni verjel v nič drugega"
"He had noticed that the river spoke to him"
"Opazil je, da mu govori reka"
"he learned from the river"
"učil se je od reke"
"the river educated and taught him"
"reka ga je vzgajala in učila"
"the river seemed to be a god to him"
"reka se mu je zdela bog"
"for many years he did not know that everything was as divine as the river"
"dolga leta ni vedel, da je vse tako božansko kot reka"
"the wind, every cloud, every bird, every beetle"
"veter, vsak oblak, vsaka ptica, vsak hrošč"
"they can teach just as much as the river"
"naučijo lahko prav toliko kot reka"
"But when this holy man went into the forests, he knew everything"
"Ko pa je ta sveti mož šel v gozdove, je vedel vse"
"he knew more than you and me, without teachers or books"
"Vedel je več kot ti in jaz, brez učiteljev in knjig"

"he knew more than us only because he had believed in the river"
"vedel je več kot mi samo zato, ker je verjel v reko"

Govinda still had doubts and questions
Govinda je imel še vedno dvome in vprašanja
"But is that what you call things actually something real?"
"Ampak ali je to, kar imenujete stvari, dejansko nekaj resničnega?"
"do these things have existence?"
"ali te stvari obstajajo?"
Isn't it just a deception of the Maya"
"Ali ni to le prevara Majev"
"aren't all these things an image and illusion?"
"ali niso vse te stvari podoba in iluzija?"
"Your stone, your tree, your river"
"Tvoj kamen, tvoje drevo, tvoja reka"
"are they actually a reality?"
"so dejansko resničnost?"
"This too," spoke Siddhartha, "I do not care very much about"
"Tudi to," je rekel Siddhartha, "me ne zanima preveč"
"Let the things be illusions or not"
"Naj bodo stvari iluzije ali ne"
"after all, I would then also be an illusion"
"navsezadnje bi bil potem tudi jaz iluzija"
"and if these things are illusions then they are like me"
"in če so te stvari iluzije, potem so kot jaz"
"This is what makes them so dear and worthy of veneration for me"
"Zaradi tega so zame tako dragi in vredni čaščenja"
"these things are like me and that is how I can love them"
"te stvari so mi podobne in tako jih lahko ljubim"
"this is a teaching you will laugh about"
"to je nauk, ki se mu boste smejali"

"love, oh Govinda, seems to me to be the most important thing of all"
"Ljubezen, o Govinda, se mi zdi najpomembnejša stvar od vsega"
"to thoroughly understand the world may be what great thinkers do"
"temeljito razumeti svet je morda tisto, kar počnejo veliki misleci"
"they explain the world and despise it"
"razlagajo svet in ga prezirajo"
"But I'm only interested in being able to love the world"
"Ampak zanima me le to, da lahko ljubim svet"
"I am not interested in despising the world"
"Ne zanima me zaničevanje sveta"
"I don't want to hate the world"
"Nočem sovražiti sveta"
"and I don't want the world to hate me"
"in nočem, da me svet sovraži"
"I want to be able to look upon the world and myself with love"
"Želim imeti možnost gledati na svet in sebe z ljubeznijo"
"I want to look upon all beings with admiration"
"Na vsa bitja želim gledati z občudovanjem"
"I want to have a great respect for everything"
"Želim imeti veliko spoštovanje do vsega"
"This I understand," spoke Govinda
"To razumem," je rekel Govinda
"But this very thing was discovered by the exalted one to be a deception"
"Toda prav to je vzvišeni ugotovil kot prevaro"
"He commands benevolence, clemency, sympathy, tolerance"
"Zapoveduje dobrohotnost, usmiljenje, sočutje, strpnost"
"but he does not command love"
"a ne zapoveduje ljubezni"
"he forbade us to tie our heart in love to earthly things"

"prepovedal nam je svoje srce v ljubezni vezati na zemeljske stvari"
"I know it, Govinda," said Siddhartha, and his smile shone golden
"Vem, Govinda," je rekel Siddhartha in njegov nasmeh je zasijal zlato
"And behold, with this we are right in the thicket of opinions"
"In glej, s tem smo prav v goščavi mnenj"
"now we are in the dispute about words"
"zdaj smo v sporu o besedah"
"For I cannot deny, my words of love are a contradiction"
"Kajti ne morem zanikati, moje besede ljubezni so protislovje"
"they seem to be in contradiction with Gotama's words"
"zdi se, da so v nasprotju z Gotaminimi besedami"
"For this very reason, I distrust words so much"
"Prav zaradi tega razloga tako zelo ne zaupam besedam"
"because I know this contradiction is a deception"
"ker vem, da je to protislovje prevara"
"I know that I am in agreement with Gotama"
"Vem, da se strinjam z Gotamo"
"How could he not know love when he has discovered all elements of human existence"
"Kako ne bi poznal ljubezni, ko je odkril vse elemente človeškega obstoja"
"he has discovered their transitoriness and their meaninglessness"
"odkril je njihovo minljivost in nesmiselnost"
"and yet he loved people very much"
"pa vendar je imel zelo rad ljudi"
"he used a long, laborious life only to help and teach them!"
"dolgo, naporno življenje je porabil le za to, da jim je pomagal in jih učil!"
"Even with your great teacher, I prefer things over the words"

"Tudi pri tvojem odličnem učitelju imam raje stvari kot besede"
"I place more importance on his acts and life than on his speeches"
"Večji pomen pripisujem njegovim dejanjem in življenju kot njegovim govorom"
"I value the gestures of his hand more than his opinions"
"Bolj cenim poteze njegove roke kot njegova mnenja"
"for me there was nothing in his speech and thoughts"
"zame ni bilo ničesar v njegovem govoru in mislih"
"I see his greatness only in his actions and in his life"
"Njegovo veličino vidim le v njegovih dejanjih in v njegovem življenju"

For a long time, the two old men said nothing
Dolgo sta starca molčala
Then Govinda spoke, while bowing for a farewell
Nato je Govinda spregovoril in se priklonil v slovo
"I thank you, Siddhartha, for telling me some of your thoughts"
"Zahvaljujem se ti, Siddhartha, da si mi povedal nekaj svojih misli"
"These thoughts are partially strange to me"
"Te misli so mi delno čudne"
"not all of these thoughts have been instantly understandable to me"
"vse te misli mi niso bile takoj razumljive"
"This being as it may, I thank you"
"Kljub temu se vam zahvaljujem"
"and I wish you to have calm days"
"in želim vam mirne dni"
But secretly he thought something else to himself
Na skrivaj pa je mislil nekaj drugega sam pri sebi
"This Siddhartha is a bizarre person"
"Ta Siddhartha je bizarna oseba"
"he expresses bizarre thoughts"

"izraža nenavadne misli"
"his teachings sound foolish"
"njegovi nauki zvenijo neumno"
"the exalted one's pure teachings sound very different"
"čisti nauki vzvišenega zvenijo zelo drugače"
"those teachings are clearer, purer, more comprehensible"
"tisti nauki so jasnejši, čistejši, bolj razumljivi"
"there is nothing strange, foolish, or silly in those teachings"
"v teh naukih ni nič čudnega, neumnega ali neumnega"
"But Siddhartha's hands seemed different from his thoughts"
"Toda Siddharthine roke so se zdele drugačne od njegovih misli"
"his feet, his eyes, his forehead, his breath"
"njegove noge, njegove oči, njegovo čelo, njegov dih"
"his smile, his greeting, his walk"
"njegov nasmeh, njegov pozdrav, njegov sprehod"
"I haven't met another man like him since Gotama became one with the Nirvana"
"Nisem srečal drugega človeka, kot je on, odkar je Gotama postal eno z Nirvano."
"since then I haven't felt the presence of a holy man"
"od takrat nisem čutil prisotnosti svetega človeka"
"I have only found Siddhartha, who is like this"
"Našel sem samo Siddharto, ki je tak"
"his teachings may be strange and his words may sound foolish"
"njegovi nauki so lahko čudni in njegove besede zvenijo neumno"
"but purity shines out of his gaze and hand"
"toda čistost sije iz njegovega pogleda in roke"
"his skin and his hair radiates purity"
"njegova koža in lasje izžarevajo čistost"
"purity shines out of every part of him"
"čistost sije iz vsakega dela njega"

"a calmness, cheerfulness, mildness and holiness shines from him"
"iz njega sije mirnost, vedrost, blagost in svetost"
"something which I have seen in no other person"
"nekaj, česar nisem videl pri nobeni drugi osebi"
"I have not seen it since the final death of our exalted teacher"
"Nisem ga videl od končne smrti našega vzvišenega učitelja"
While Govinda thought like this, there was a conflict in his heart
Medtem ko je Govinda tako razmišljal, je bil v njegovem srcu konflikt
he once again bowed to Siddhartha
se je še enkrat priklonil Siddharti
he felt he was drawn forward by love
čutil je, da ga vleče naprej ljubezen
he bowed deeply to him who was calmly sitting
globoko se je priklonil njemu, ki je mirno sedel
"Siddhartha," he spoke, "we have become old men"
"Siddhartha," je rekel, "postali smo starci"
"It is unlikely for one of us to see the other again in this incarnation"
"Malo verjetno je, da bo eden od naju drugega spet videl v tej inkarnaciji"
"I see, beloved, that you have found peace"
"Vidim, ljubljeni, da si našel mir"
"I confess that I haven't found it"
"Priznam, da ga nisem našel"
"Tell me, oh honourable one, one more word"
"Povej mi, o spoštovani, še eno besedo"
"give me something on my way which I can grasp"
"daj mi na poti nekaj, kar bom lahko prijel"
"give me something which I can understand!"
"daj mi nekaj, kar razumem!"
"give me something I can take with me on my path"
"daj mi nekaj, kar lahko vzamem s seboj na svojo pot"

"my path is often hard and dark, Siddhartha"
"moja pot je pogosto težka in temna, Siddhartha"
Siddhartha said nothing and looked at him
Siddhartha ni rekel ničesar in ga je pogledal
he looked at him with his ever unchanged, quiet smile
pogledal ga je s svojim vedno nespremenjenim, tihim nasmehom
Govinda stared at his face with fear
Govinda je s strahom strmel v njegov obraz
there was yearning and suffering in his eyes
v njegovih očeh je bilo hrepenenje in trpljenje
the eternal search was visible in his look
v njegovem pogledu se je videlo večno iskanje
you could see his eternal inability to find
lahko bi videli njegovo večno nezmožnost iskanja
Siddhartha saw it and smiled
Siddhartha je to videl in se nasmehnil
"Bend down to me!" he whispered quietly in Govinda's ear
"Skloni se k meni!" je tiho zašepetal Govindi na uho
"Like this, and come even closer!"
"Takole, pa še bliže!"
"Kiss my forehead, Govinda!"
"Poljubi me na čelo, Govinda!"
Govinda was astonished, but drawn on by great love and expectation
Govinda je bil presenečen, vendar ga je pritegnila velika ljubezen in pričakovanje
he obeyed his words and bent down closely to him
ubogal je njegove besede in se tesno sklonil k njemu
and he touched his forehead with his lips
in z ustnicami se je dotaknil čela
when he did this, something miraculous happened to him
ko je to storil, se mu je zgodilo nekaj čudežnega
his thoughts were still dwelling on Siddhartha's wondrous words

njegove misli so se še vedno ustavljale pri Siddharthinih čudovitih besedah
he was still reluctantly struggling to think away time
še vedno se je nerad trudil odmisliti čas
he was still trying to imagine Nirvana and Sansara as one
še vedno si je poskušal predstavljati Nirvano in Sansaro kot eno
there was still a certain contempt for the words of his friend
še vedno je bilo nekaj prezira do besed njegovega prijatelja
those words were still fighting in him
te besede so se še borile v njem
those words were still fighting against an immense love and veneration
te besede so se še borile proti neizmerni ljubezni in čaščenju
and during all these thoughts, something else happened to him
in med vsemi temi mislimi se mu je zgodilo še nekaj
He no longer saw the face of his friend Siddhartha
Ni več videl obraza svojega prijatelja Siddharthe
instead of Siddhartha's face, he saw other faces
namesto Siddhartinega obraza je videl druge obraze
he saw a long sequence of faces
videl je dolgo zaporedje obrazov
he saw a flowing river of faces
videl je tekočo reko obrazov
hundreds and thousands of faces, which all came and disappeared
stotine in tisoče obrazov, ki so vsi prihajali in izginjali
and yet they all seemed to be there simultaneously
in vendar se je zdelo, da so vsi tam hkrati
they constantly changed and renewed themselves
so se nenehno spreminjali in obnavljali
they were themselves and they were still all Siddhartha's face
bili so sami in še vedno so bili vsi Siddhartin obraz

he saw the face of a fish with an infinitely painfully opened mouth
videl je obraz ribe z neskončno boleče odprtimi usti
the face of a dying fish, with fading eyes
obraz umirajoče ribe, z bledečimi očmi
he saw the face of a new-born child, red and full of wrinkles
videl je obraz novorojenega otroka, rdeč in poln gub
it was distorted from crying
bilo je izkrivljeno od joka
he saw the face of a murderer
videl je obraz morilca
he saw him plunging a knife into the body of another person
videl ga je zabadati nož v telo druge osebe
he saw, in the same moment, this criminal in bondage
videl je v istem trenutku tega zločinca v suženjstvu
he saw him kneeling before a crowd
videl ga je klečati pred množico
and he saw his head being chopped off by the executioner
in videl je, kako mu je krvnik odsekal glavo
he saw the bodies of men and women
videl je trupla moških in žensk
they were naked in positions and cramps of frenzied love
bili so goli v položajih in krčih blazne ljubezni
he saw corpses stretched out, motionless, cold, void
videl je raztegnjena trupla, nepremična, hladna, prazna
he saw the heads of animals
videl je glave živali
heads of boars, of crocodiles, and of elephants
glave merjascev, krokodilov in slonov
he saw the heads of bulls and of birds
videl je glave bikov in ptic
he saw gods; Krishna and Agni
videl je bogove; Krišna in Agni
he saw all of these figures and faces in a thousand relationships with one another

videl je vse te figure in obraze v tisočerih odnosih med seboj
each figure was helping the other
vsaka figura je pomagala drugi
each figure was loving their relationship
vsaka figura je ljubila svoj odnos
each figure was hating their relationship, destroying it
vsaka figura je sovražila svoj odnos in ga uničevala
and each figure was giving re-birth to their relationship
in vsaka figura je ponovno rojevala njun odnos
each figure was a will to die
vsaka figura je bila volja do smrti
they were passionately painful confessions of transitoriness
bile so strastno boleče izpovedi minljivosti
and yet none of them died, each one only transformed
in vendar nobeden od njih ni umrl, vsak se je samo preobrazil
they were always reborn and received more and more new faces
vedno znova so se rojevali in dobivali vedno nove obraze
no time passed between the one face and the other
med enim in drugim obrazom ni minil čas
all of these figures and faces rested
vse te figure in obrazi so počivali
they flowed and generated themselves
so se pretakale in ustvarjale same
they floated along and merged with each other
plavali so in se zlivali med seboj
and they were all constantly covered by something thin
in vse jih je nenehno pokrivalo nekaj tankega
they had no individuality of their own
niso imeli lastne individualnosti
but yet they were existing
pa vendar so obstajali
they were like a thin glass or ice
bili so kot tanko steklo ali led
they were like a transparent skin
bili so kot prozorna koža

they were like a shell or mould or mask of water
bili so kot lupina ali plesen ali vodna maska
and this mask was smiling
in ta maska se je smejala
and this mask was Siddhartha's smiling face
in ta maska je bil Siddhartin nasmejan obraz
the mask which Govinda was touching with his lips
maska, ki se je Govinda dotika z ustnicami
And, Govinda saw it like this
In Govinda je to videl takole
the smile of the mask
nasmeh maske
the smile of oneness above the flowing forms
nasmeh enosti nad tekočimi oblikami
the smile of simultaneousness above the thousand births and deaths
nasmeh hkratnosti nad tisoč rojstev in smrti
the smile of Siddhartha's was precisely the same
Siddhartin nasmeh je bil popolnoma enak
Siddhartha's smile was the same as the quiet smile of Gotama, the Buddha
Siddhartin nasmeh je bil enak tihemu nasmehu Gotame, Bude
it was delicate and impenetrable smile
bil je nežen in nepredifen nasmeh
perhaps it was benevolent and mocking, and wise
morda je bilo dobronamerno in posmehljivo in modro
the thousand-fold smile of Gotama, the Buddha
tisočkratni nasmeh Gotame, Bude
as he had seen it himself with great respect a hundred times
kakor se je sam z velikim spoštovanjem že stokrat prepričal
Like this, Govinda knew, the perfected ones are smiling
Takole, je vedel Govinda, se izpopolnjeni smejijo
he did not know anymore whether time existed
ni več vedel, ali čas obstaja
he did not know whether the vision had lasted a second or a hundred years

ni vedel, ali je vizija trajala sekundo ali sto let
he did not know whether a Siddhartha or a Gotama existed
ni vedel, ali obstaja Siddhartha ali Gotama
he did not know if a me or a you existed
ni vedel, ali obstajam jaz ali ti
he felt in his as if he had been wounded by a divine arrow
čutil se je v svojem, kakor bi ga ranila božja puščica
the arrow pierced his innermost self
puščica je prebodla njegovo notranjost
the injury of the divine arrow tasted sweet
poškodba božanske puščice je bila sladkega okusa
Govinda was enchanted and dissolved in his innermost self
Govinda je bil očaran in raztopljen v svoji notranjosti
he stood still for a little while
malo je obstal
he bent over Siddhartha's quiet face, which he had just kissed
sklonil se je nad Siddhartin tihi obraz, ki ga je pravkar poljubil
the face in which he had just seen the scene of all manifestations
obraz, v katerem je pravkar videl prizorišče vseh manifestacij
the face of all transformations and all existence
obraz vseh transformacij in vsega obstoja
the face he was looking at was unchanged
obraz, ki ga je gledal, je bil nespremenjen
under its surface, the depth of the thousand folds had closed up again
pod njegovim površjem se je spet zaprla globina tisočerih gub
he smiled silently, quietly, and softly
nasmehnil se je tiho, tiho in mehko
perhaps he smiled very benevolently and mockingly
morda se je nasmehnil prav dobrodušno in posmehljivo
precisely this was how the exalted one smiled
prav tako se je nasmehnil vzvišeni
Deeply, Govinda bowed to Siddhartha
Govinda se je globoko priklonil Siddharti

tears he knew nothing of ran down his old face
solze, za katere ni vedel nič, so tekle po starem obrazu
his tears burned like a fire of the most intimate love
njegove solze so gorele kakor ogenj najintimnejše ljubezni
he felt the humblest veneration in his heart
v svojem srcu je čutil najnižje čaščenje
Deeply, he bowed, touching the ground
Globoko se je sklonil in se dotaknil tal
he bowed before him who was sitting motionlessly
priklonil se je pred njim, ki je nepremično sedel
his smile reminded him of everything he had ever loved in his life
njegov nasmeh ga je spomnil na vse, kar je imel rad v življenju
his smile reminded him of everything in his life that he found valuable and holy
njegov nasmeh ga je spominjal na vse v njegovem življenju, kar se mu je zdelo dragoceno in sveto

www.tranzlaty.com

www.ingramcontent.com/pod-product-compliance
Lightning Source LLC
Chambersburg PA
CBHW012003090526
44590CB00026B/3846